SIR FRANCIS TROLOPP
(PAUL FEVAL.)

LA

FORÊT DE RENNES

I

PARIS,
CHEZ CHLENDOWSKI,
RUE DU JARDINET, 8.

1845

LA
FORÊT DE RENNES

PAR

SIR FRANCIS TROLOPP.

OUVRAGES DU MÊME AUTEUR :

Les Mystères de Londres, 11 vol. in-8°.

La Forêt de Rennes, 3 vol. in-8°.

SOUS PRESSE :

LES FANFARONS DU ROI.

Paris. - Typographie SCHNEIDER et LANGRAND, rue d'Erfurth, 1.

LA

FORÊT DE RENNES

PAR

PAUL FEVAL.

(SIR FRANCIS TROLOPP.)

TOME PREMIER.

PARIS,
EN VENTE, CHEZ CHLENDOWSKI,
8, RUE DU JARDINET.

1845

PROLOGUE.

LA CHANSON.

I

Le voyageur qui va de Paris à Brest, de la capitale du royaume à la première de nos cités maritimes, s'endort et s'éveille deux fois bercé par le cahoteux balancement de la diligence, avant d'apercevoir les maigres moissons, les pommiers trapus et les chênes ébranchés de la pauvre Bretagne. Il s'éveille la première fois dans les fertiles plaines du Perche, tout près de la Beauce, ce paradis des négocians en farine ; il se rendort poursuivi par l'aigrelet parfum du cidre de l'Orne, et par le patois nasillard des naturels de la Basse-Normandie. Le lendemain matin, le paysage a changé ; c'est Vitré, la gothique momie, qui penche ses maisons noires et les ruines chevelues de son château sur la pente raide d'une abrupte colline ; ce sont de vastes prairies plantées çà et là de saules et d'oseraies, où la Vilaine plie et replie en mille fantasques détours son étroit ruban d'azur. Le ciel, bleu la veille, est devenu gris ; l'horizon a perdu son ampleur, l'air a pris une saveur humide qui énerve l'appareil de la respiration. Au loin, sur la droite, derrière une série de monticules arides et couverts de genêts, on aperçoit une ligne noire. C'est la forêt de Rennes.

La forêt de Rennes est bien déchue de sa gloire antique. Les exploitations industrielles on fait, depuis cinquante ans, un terrible massacre de ses beaux arbres. MM. de Rohan, de Montbourcher, de Châteaubriand y couraient le cerf autrefois, en compagnie des seigneurs de Laval, invités tout exprès, et de M. l'intendant royal, dont on se serait passé volontiers. Maintenant, c'est à peine si les commis rougeauds des maîtres de forges y peuvent tuer, à l'affût, de temps à autre, quelque chétif lapereau ou un chevreuil étique que le spleen porte à braver cet indigne trépas. On n'entend plus, sous le couvert, les éclatantes fanfares; le sabot des nobles chevaux ne frappe plus le gazon des longues allées; tout se tait, — hormis les marteaux et la toux cyclopéenne de la pompe à feu. Certains se frottent les mains à l'aspect de ce résultat. Ils disent que les châteaux ne servaient à rien, et que les usines font des clous. Nous avons, sur ce sujet, une opinion très positivement arrêtée, mais nous la réservons pour une occasion meilleure.

Quoi qu'il en soit, au lieu de quelques kilomètres carrés, grévés de coupes accablantes, et dont les trois quarts sont à l'état de taillis, la forêt de Rennes avait, il y a cent cinquante ans, huit bonnes lieues de tour, et des tenues de futaie si haut lancées, si vastes et si bien fourrées de plant à la racine, que les gardes eux-mêmes y perdaient leur chemin. En fait d'usines, on n'y trouvait que des saboteries; et aussi, dans les châtaigneraies, quelques huttes où l'on faisait des cercles pour les tonneaux. Au centre des clairières, dix à douze loges groupées et comme entassées servaient de demeures aux charbonniers. Il y en avait un nombre fort considérable, et, en somme, la population de la forêt passait pour n'être point au-dessous de 4 à 5,000 habitans.

C'était une caste à part, un peuple à demi-sauvage, ennemi né de toute innovation, et détestant par instinct et par intérêt tout régime autre que l'antique Coutume, laquelle lui accordait tacitement un droit d'usage illimité sur tous les produits de la forêt, sauf le gibier. De temps immémorial, sabotiers, tonneliers, charbonniers et vanniers avaient pu, non seulement ignorer jusqu'au nom d'*impôt*, mais encore prendre le bois nécessaire à leur industrie sans indemnité aucune. Dans leur croyance, la forêt était leur légitime patrimoine : ils y étaient nés; ils avaient le droit imprescriptible d'y vivre et d'y mourir. Quiconque leur contestait ce droit devenait pour eux un inique oppresseur. Or, ils n'étaient point gens à se laisser opprimer sans résistance.

Louis XIV était mort. Philippe d'Orléans, au mépris du testament du monarque défunt, tenait la régence. Bien que ce prince, pour qui l'histoire a eu de sévères et justes jugemens, mît volontairement en oubli la grande politique de son maître, cette politique subsistait par sa force propre, partout où des mains malhabiles ou perfides ne prenaient point à tâche de la miner sourdement. En Bretagne, la longue et vaillante résistance des États avait pris fin. Un intendant de l'impôt avait été installé à Rennes, et le pacte d'union, violemment amendé, ne gardait plus ses fières stipulations en faveur des libertés de la province. Le parti breton était donc vaincu; la Bretagne se faisait France en définitive : il n'y avait plus de frontière.

Mais autre chose était de consentir une

mesure en assemblée parlementaire, autre chose de faire passer cette mesure dans les mœurs d'un peuple dont l'entêtement est devenu proverbial. M. de Pontchartrain, le nouvel intendant royal de l'impôt, avait l'investiture légale de ses fonctions; il lui restait à exécuter son mandat, ce qui n'était point chose facile. Partout on accusa les états de forfaiture; on résista partout. L'association des *frères-bretons*, organisée pour la défense des libertés de la province, et qui, en réalité, n'avait plus d'objet politique, continua d'exister et d'agir dans l'ombre. C'est le propre de ces assemblées secrètes, de survivre, pour ainsi dire, à elles-mêmes; la franc-maçonnerie, qui est morte, vivra plus longtemps que nous. Les frères-bretons refusèrent d'abord l'impôt les armes à la main, puis il cédèrent à leur tour; mais, tout en cédant, ils protestèrent. Vingt ans après l'époque où se passèrent les événemens que nous allons raconter, et qui forment le prologue de notre récit, nous retrouverons leurs traces. Le mystère est dans la nature de l'homme. Les assemblées secrètes ne meurent que de vieillesse, et Dieu sait ce que leur vieillesse dure!

En 1719, presque tous les gentilshommes s'étaient retirés de l'association, mais elle subsistait, vivace, indestructible, parmi le bas peuple des villes et des campagnes. Ce qui restait de *frères* nobles était l'objet d'un véritable culte. Les châteaux où se retranchaient ces partisans obstinés de l'indépendance devenaient des centres autour desquels se groupaient les mécontens. Ils étaient peut-être impuissans déjà pour agir sur une grande échelle, mais leur *opposition* (qu'on nous passe l'anachronisme), se faisait en toute sécurité. Il eût fallu, pour les réduire, mettre le pays à feu et à sang.

D'après ce que nous avons dit de la forêt de Rennes, on doit penser qu'elle était un des plus actifs foyers de la résistance. Sa population, entièrement composée de gens pauvres, ignorans et endurcis aux plus rudes travaux, était dans des conditions singulièrement favorables à cette opposition, dont le fond est un refus pur et simple, accompagné et soutenu par la force d'inertie. Assez nombreux et unis pour combattre, si nulle autre ressource ne pouvait être employée, les gens de la forêt attendaient, confians dans les retraites inaccessibles qu'offrait à chaque pas le pays, confians surtout dans la connaissance parfaite qu'ils avaient de leur forêt, cet immense et sombre labyrinthe dont les taillis touchaient à la fois la campagne de Rennes et les faubourgs de Fougères et de Vitré. Dans ces trois villes ils avaient des adhérens. Le premier coup de mousquet tiré sous le couvert devait amener la plèbe déguenillée des basses rues de Rennes, les historiques bourgeois de Vitré, qui portaient encore brassards, hauberts et salades, comme des hommes d'armes du XVe siècle, et les habiles braconniers de Fougères. Avec tout cela, il était raisonnable d'espérer que les sergens de M. de Pontchartrain pourraient ne point avoir beau jeu.

Il y avait au monde un homme qu'ils respectaient tant que si cet homme leur eût dit : «Payez l'impôt au roi de France,» ils auraient peut-être obéi. Mais cet homme n'avait garde. Il était justement l'un des plus obstinés débris de l'Association bretonne, et sa voix retentissait encore de temps à autre dans la salle des États, pour protester contre l'envahissement de la maison de Bourbon.

Il avait nom Nicolas Treml de la Tremlays, seigneur de Boüexis-en-Forêt, et possédait, à une demi-lieue du bourg de Liffré, un domaine qui le faisait suzerain de presque tout le pays. Son château de la Tremlays était l'un des plus beaux qui fût dans la Haute-Bretagne. Son manoir du Boüexis n'était guère moins magnifique. Il fallait deux heures pour se rendre de l'un à l'autre, et durant tout le chemin on marchait sur la terre de Nicolas Treml. C'était un vieillard de grande taille et d'austère physionomie. Ses longs cheveux blancs tombaient en mèches éparses sur le drap grossier de son pourpoint, coupé à l'ancienne mode. L'âge n'avait point modéré l'ardente fougue de son regard. A le voir droit et ferme sur la selle, lorsqu'il chevauchait sous la futaie, les gens de la forêt se sentaient le cœur gaillard et disaient :

— Tant que vivra notre monsieur, il y

aura un Breton dans le pays, et gare aux sangsues de France!

Ils disaient vrai. Le patriotisme de Nicolas Treml était aussi indomptable qu'exclusif. La décadence graduelle du parti de l'indépendance, loin de lui être un enseignement, n'avait fait qu'agrandir son obstination. D'années en années, ses collègues des états écoutaient avec moins de faveur ses rudes protestations ; mais il protestait toujours, et c'était la main sur la garde de son épée qu'il fulminait ses menaçantes diatribes contre le représentant de la couronne.

Un jour, tandis qu'il parlait, messieurs de la noblesse se prirent à rire, et plusieurs voix murmurèrent :

— Décidément, M. de la Tremlays a perdu la tête!

Il s'arrêta tout-à-coup : une mate pâleur monta jusqu'à son front ; son œil lança un fulgurant éclair. Il se couvrit et gagna lentement la porte de la salle. Sur le seuil, il croisa ses bras et envoya au banc de la noblesse un long regard de défi.

— Je remercie Dieu, dit-il d'une voix lente et durement accentuée qui pénétra jusqu'aux extrémités de la salle : — Je remercie Dieu de n'avoir perdu que la tête, lorsque messieurs mes pairs, eux, ont perdu le cœur!

A ce sanglant outrage, vous eussiez vu bondir sur leurs siéges tous ces fiers gentilshommes. Vingt rapières furent à l'instant dégaînées. Nicolas Treml ne bougea pas.

— Laissez-là vos épées, reprit-il. Moi aussi je fus insulté, pourtant je me retire. Ce n'est point du sang breton qu'il faut à ma colère. Adieu, messieurs. Je prie Dieu que vos enfans oublient leurs pères et se souviennent de leurs aïeux... Je me sépare de vous et je vous renie. Vous avez mis la Bretagne au tombeau ; moi je mettrai du sang sur le tombeau de la Bretagne...... Quand il n'est plus temps de combattre, il est temps encore parfois de se venger !

M. de la Tremlays monta sur son bon cheval, et prit la route de son domaine.

Ceux qui le rencontrèrent ne purent deviner les vindicatives pensées qui se pressaient en foule dans son esprit. Robuste de cœur autant que de corps, il savait garder au dedans de soi sa colère. Son front restait calme; son regard errait, vague et indifférent, sur le plat paysage des environs de Rennes.

Lorsqu'il entra sous le couvert de la forêt, le soleil baissait à l'horizon. M. de la Tremlays contempla plus d'une fois avec convoitise les retranchemens naturels et imprenables qu'offrait à chaque pas le sol vierge ; il comptait involontairement ces hommes vigoureux et vaillans qui le saluaient de loin avec une respectueuse affection.

— La guerre, pensait-il, pourrait être terrible avec ces soldats et ces retraites.

Il arrêtait son cheval et devenait rêveur. Mais bientôt une idée obsédante fronçait ses sourcils grisonnans. Il se redressait, et son œil brillait d'un vague et sauvage éclat.

— Point de guerre! disait-il alors. Un duel! — Un seul coup, — une seule mort!

Et M. de la Tremlays, enfonçant ses éperons dans les flancs de son cheval, combinait un de ces plans dont l'extravagante hardiesse amène le sourire sur les lèvres des hommes de bon sens, et que le succès peut à peine sanctionner, — un plan audacieux, chevaleresque, mais impossible et fou, dont l'idée ne pouvait germer que dans un cerveau de gentilhomme campagnard, ignorant le monde, et toisant la prose du présent avec la poétique mesure du passé.

Il ne faudrait point pourtant se méprendre et taxer Nicolas Treml de démence, parce que son entreprise dépassait les bornes du possible. Il le savait, et son enthousiasme ne lui cachait point la profondeur de l'abîme. Mais c'était un de ces hommes à cervelle de bronze, qui voient le précipice ouvert, et ne s'arrêtent point pour si peu de chemin.

Une seule circonstance eût pu le faire hésiter. La maison de la Tremlays n'avait qu'un héritier direct, Georges Treml, petit-fils du vieux gentilhomme. Que deviendrait cet enfant de cinq ans, frappé dans la personne de son aïeul, et dépourvu de protecteur naturel? Nicolas Treml supportait impatiemment cette objection que lui faisait sa conscience.

— Si je réussis, pensait-il, Georges aura un héritage de gloire; si j'échoue, monsieur mon cousin de Vaunoy lui gardera son patrimoine..... Vaunoy est un loyal gentilhomme.

Comme il prononçait mentalement ces paroles, une voix grêle et lointaine lui apporta le refrain d'une chanson du pays, sorte de complainte, dont l'air lent, monotone, mélancolique, accompagnait le lugubre récit du trépas d'Arthur de Bretagne, méchamment mis à mort par son oncle Jean-sans-Terre.

M. de la Tremlays tressaillit et se sentit venir au cœur un pressentiment funeste.

— Impossible! murmura-t-il ; Vaunoy est un digne parent.....

La voix se rapprochait. Le chant semblait prendre une nuance d'ironie.

— D'ailleurs, poursuivit le vieux gentilhomme, Georges est Breton ; son bonheur, comme son sang, appartient à la Bretagne.

La voix se tut durant quelques secondes, puis elle éclata tout à coup juste au-dessus de M. Tremlays. Celui-ci leva brusquement la tête et aperçut, au haut d'un gigantesque châtaignier dont la couronne, dominant les arbres d'alentour, était vivement éclairée par les rayons obliques du soleil couchant, un être d'apparence extraordinaire et presque diabolique. Son corps, ainsi éclairé, rayonnait une sorte de lueur blafarde. Si un voyageur l'eût rencontré dans les forêts du Nouveau-Monde, il ne lui aurait certainement pas accordé le nom d'homme, et l'histoire naturelle de M. de Buffon contiendrait un article de plus : le babouin blanc. Cette créature ressemblait en effet à un énorme singe de couleur blanchâtre; elle sautait d'une branche à l'autre avec une agilité merveilleuse, et, à chaque saut, un faisceau de menus rameaux tombait à terre. — Son chant continuait.

Il est à croire que ce n'était point la première fois que M. de la Tremlays rencontrait ce personnage étrange, car il arrêta son cheval sans manifester la moindre surprise, et siffla comme on fait pour appeler un chien.

Le chant cessa aussitôt, et la créature perchée au sommet du châtaignier, degringolant de branche en branche, tomba aux pieds du vieux seigneur en poussant un grognement amical et respectueux.

C'était bien un homme, et pourtant il était plus extraordinaire encore de près que de loin. Les jambes nues, couvertes de poils incolores, supportaient gauchement un torse difforme et de beaucoup trop court. Son cou, osseux et planté en bizeau sur sa creuse poitrine, était surmonté d'une face anguleuse, aux os de laquelle se collait une peau blanchâtre et semée de duvet. Ses cheveux, ses sourcils, sa barbe naissante, tout était blanc, et c'était merveille de voir reluire son œil sanglant au milieu de ce laiteux entourage. Aucun signe certain, dans toute sa personne, ne pouvait servir à préciser son âge. Peut-être était-ce un enfant, peut-être un vieillard. L'extrême agilité qu'il venait de déployer éloignait également néanmoins ces deux suppositions. La jeunesse seule pouvait avoir caché tant de vigoureuse souplesse sous cette enveloppe chétive et misérable.

Il se releva d'un bond et vint se planter au milieu du chemin, devant la tête du cheval.

— Comment va ton père, Jean Blanc? demanda M. de la Tremlays.

— Comment va ton fils, Nicolas Treml? répondit l'albinos en exécutant une cabriole.

Un nuage couvrit le front du vieillard. Cette brusque question correspondait mystérieusement au sujet récent de son inquiète rêverie.

— Tu deviens insolent, mon garçon, grommela-t-il. Je suis trop bon envers vous autres vilains, et cela vous donne de l'audace..... fais-moi place, et que je ne t'y prenne plus!

Au lieu d'obéir à cet ordre, prononcé d'un ton sévère, Jean Blanc saisit la bride du cheval, et se prit à sourire tranquillement.

— Tu te trompes, mon seigneur, dit-il d'une voix douce et mélancolique. Ce n'est pas avec nous, pauvres gens, que tu es trop bon, c'est avec d'autres, que tu aimes et qui te détestent.

— Paix! fou que tu es! voulut interrompre Nicolas Treml.

L'albinos ne lâcha point la bride, et continua :

— Le père de Jean Blanc va bien. Jean Blanc veillait hier auprès de lui; auprès de lui il veillera demain..... Hier tu veillais sur Georges Treml : veilleras-tu sur lui demain, mon seigneur?

— Que veux-tu dire ?

— C'est une belle chanson que la chanson d'Arthur de Bretagne..... Ecoute : je sais ramper sous le couvert tout aussi bien que grimper au faîte des châtaigniers. Je t'ai suivi longtemps dans la forêt ; tu causais avec ta conscience ; j'ai compris et j'ai chanté la chanson d'Arthur.

— Quoi ! s'écria M. de la Tremlays, tu m'as entendu ?... tu sais tout ?....

— Non, pas tout... tu as dit trop de folies pour que j'aie pu tout comprendre.... Mais crois-moi, ne laisse pas notre petit monsieur Georges à la merci d'un cousin. Si tu veux t'en aller bien loin, prends ton petit-fils en croupe ; si tu ne le peux pas, tue-le; mais ne l'abandonne pas. Et maintenant je vais couper des branches pour faire des cercles de barrique, Nicolas Treml. Que Dieu te bénisse !

L'albinos lâcha la bride, et grimpa comme un chat sauvage le long du tronc noueux d'un châtaignier. La nuit commençait à tomber. Le costume de cet être bizarre, formé de peaux de lapins, et blanc comme sa personne, se distinguait à travers les branches qu'il franchissait avec une indescriptible prestesse.

M. de la Tremlays se remit en route, tout pensif.

— C'est un pauvre insensé ! se disait-il.

Mais son cœur se serrait de plus en plus, et lorsque la voix de Jean Blanc, se faisant de nouveau entendre, lui jeta par-dessus les têtes touffues des grands chênes, les notes lugubres de la complainte d'Arthur de Bretagne, le vieux gentilhomme eut froid à l'ame, et prononça en frémissant le nom de son petit-fils.

LE COFFRET DE FER.

II

Lorsque Nicolas Treml franchit la grand'-porte de son beau château, il faisait nuit noire. Il jeta la bride à ses valets sans mot dire, monta le perron d'un air distrait et se rendit tout droit à la chambre de son petit-fils.

Georges dormait. C'était un joli enfant blanc et rose, dont les cheveux blonds se bouclaient gracieusement sur les broderies de l'oreiller. Sans doute un doux songe visitait en ce moment son sommeil, car sa bouche s'entrouvrait en un charmant sourire, tandis que ses petites mains s'agitaient et semblaient soutenir une lutte de caresses.

Quand les enfans s'ébattent ainsi en de joyeux rêves, les bonnes gens du pays de Rennes disent qu'ils *rient aux anges*. Pensée charmante et poétique, à coup sûr ; mais en Bretagne, tout ce qui est poétique et charmant tourne bien vite à la mélancolie : on regarde cette joie du sommeil comme un présage de mort. L'enfant *rit aux anges,* parce que les anges de Dieu sont là, autour de son chevet, pour emporter son ame au ciel.

Nicolas Treml se pencha sur la couche de son petit-fils. Sa lèvre barbue toucha la joue satinée de l'enfant qui ne s'éveilla point.

— Arthur de Bretagne! murmura le vieux gentilhomme qui ne pouvait oublier les paroles de Jean Blanc; si le dernier rejeton de ma race allait être sacrifié!... Mais non, cet homme est un fou, et mon cousin de Vaunoy ne ressemble point à l'Anglais Jean-Sans-Terre!

Il s'assit auprès du chevet de Georges, et donna son esprit à de profondes méditations.

M. de la Tremlays, puissamment riche et noble comme nous l'avons dit, avait perdu son fils unique deux ans auparavant. Ce fils, qui avait nom Jacques Treml et était père de Georges, avait été de son vivant un homme fort et brave; Nicolas Treml lui avait inculqué de bonne heure sa haine pour la France, son amour pour la Bretagne, deux sentimens qui, chez lui, affectaient tous les caractères de la passion. La mort de Jacques fut pour le vieux gentilhomme un coup bien cruel. Ce n'était pas seulement un fils, c'était l'héritier de ses croyances qui descendait dans la tombe. Il se sentait vieillir. Aurait-il le temps d'inoculer à Georges sa haine et son amour?

Les monarques, à qui Dieu retire le fils

qui devait continuer leur œuvre politique laborieusement commencée, regardent avec désespoir le berceau de l'orphelin royal. Cet enfant mettra vingt ans à se faire homme, et il ne faut qu'un jour pour voir crouler une dynastie. Nicolas Treml n'était pas roi, mais se regardait comme le dernier représentant d'une pensée vaincue qui pouvait à son tour remporter la victoire. Jacques était son bras droit, son successeur, son *alter ego*; Georges n'était qu'un enfant. Au lieu d'une arme à l'épreuve, Nicolas Treml n'avait plus qu'un faible roseau dans la main.

Il y avait, de par la province de Bretagne, une famille pauvre et de noblesse douteuse qui se prétendait branche de

Treml, et ajoutait ce nom au sien propre. Avant la mort de Georges, M. de la Tremlays avait intenté à cette famille de Vaunoy un procès, pour la contraindre à se désister de toute prétention au nom de Treml. Le procès était pendant, et, suivant toute apparence, le parlement de Rennes allait condamner les Vaunoy, lorsque Jacques mourut. Ce fatal événement sembla changer subitement les desseins de M. de la Tremlays. Il arrêta l'action pendante au parlement de Rennes, et invita Hervé de Vaunoy, l'aîné de la famille, à se rendre aussitôt près de lui. Celui-ci n'eut garde de refuser l'invitation.

Il traversa la forêt, monté sur un piètre cheval de labour. Arrivé sur la lisière qui touchait le domaine de Treml et les futaies du Boüexis, il ôta respectueusement son feutre et salua toutes ces richesses, tandis qu'un triomphant sourire relevait les coins de ses minces lèvres sous les crocs fauves de sa moustache.

Hervé de Vaunoy pouvait avoir alors quarante ans. C'était un petit homme replet, à chevelure roussâtre, dont les exubérans anneaux encadraient un visage souriant et d'expression débonnaire. Ses yeux gris disparaissaient presque sous les longs poils de ses sourcils; mais ce qu'on en voyait était fort avenant et cadrait au mieux avec la fraîcheur vermeille de ses joues. En somme, il avait l'air du meilleur vivant qui fût au monde, et il était impossible de le voir une seule fois, sans se dire : Voilà un excellent petit homme! La seconde fois, on ne disait rien du tout. La troisième, on pensait à part soi que le petit homme pouvait bien n'être point si bon qu'il voulait le paraître.

Chemin faisant, il inspecta le manoir du Boüexis, qu'il trouva très à son gré, les fermes, métairies et tenues, qui lui parurent bien en point, et les bois dont il admira cordialement la belle venue. Pendant cela, son sourire vainqueur ne le quittait point. On eût dit que le petit homme se voyait déjà dans l'avenir propriétaire et seigneur de toutes ces belles choses. Mais ce qui le flatta le plus, ce fut le château de la Tremlays lui-même. A la vue de ce fier édifice qui ouvrait, sur une immense avenue, sa grande porte écussonnée, Hervé de Vaunoy arrêta son cheval de charrette et ne pût retenir un cri d'allégresse.

— Saint-Dieu, murmura-t-il tout ému, notre maison de Vaunoy tiendrait avec ses étables, écuries et pigeonniers sous le portail de ce noble château... Il faudrait que M. Nicolas Treml, mon cousin, eût l'ame bien dure pour ne point me donner un gîte en quelque coin, — et quand on a pied dans un coin et bonne volonté, le diable fait le reste.

Il souleva le lourd marteau de la porte, et mit de côté son sourire pour prendre un air humble et décemment réservé.

M. de la Tremlays était assis sous le

manteau de la haute cheminée de sa salle à manger. A son côté, un grand et beau chien de race sommeillait indolemment. Dans un coin, le petit Georges, âgé de quatre ans alors, jouait sur les genoux de sa nourrice. On annonça Hervé de Vaunoy.

Le vieux seigneur se tourna lentement vers le nouveau venu, et le chien, se dressant sur ses quatre pattes, poussa un sourd grognement.

— Paix, Job! dit M. de la Tremlays.

Le chien se recoucha sans quitter des yeux le seuil où Hervé se tenait découvert et respectueusement incliné. M. de la Tremlays continuait d'examiner ce dernier en silence. Au bout de quelques minutes, il parut prendre tout-à-coup une résolution et se leva.

— Approchez, monsieur mon cousin, dit-il avec une brusque courtoisie ; vous êtes le bienvenu au château de nos communs ancêtres.

Hervé ne put retenir un tressaillement de joie, en voyant sa parenté, à laquelle il ne croyait guère lui-même, si tôt et si aisément reconnue. Sur un geste du vieux seigneur, il prit place sous le manteau de la cheminée.

L'entrevue fut courte et décisive.

— J'espère, monsieur de Vaunoy, dit Nicolas Treml, que vous êtes un vrai Breton ?

— Oui, Saint-Dieu! mon cousin, répondit Hervé, un vrai Breton.

— Déterminé à donner sa vie pour le bien de la duché?

— Sa vie et son sang, monsieur de la Tremlays!... ses os et sa chair!

— Détestant la France!

— Saint-Dieu! abhorrant la France, monsieur mon digne parent.

— A la bonne heure! s'écria Nicolas Treml enchanté. Touchez-là, Vaunoy, mon ami. Nous nous entendrons à merveille, et mon petit-fils Georges aura un père en cas de malheur.

Hervé fut installé le soir même au château de la Tremlays, et, depuis lors, il ne le quitta plus. Georges lui était spécialement confié, et nous devons reconnaître qu'il affectait en toute occasion pour l'enfant une tendresse extraordinaire.

Les choses restèrent ainsi durant dix-huit mois. M. de la Tremlays prenait Hervé en confiance. Il le regardait comme un excellent et loyal parent. Les commensaux du château faisaient comme le maître, et Vaunoy avait l'estime de tout le monde. Il n'y avait que deux personnages auprès desquels il n'avait point su trouver grâce : le premier et le plus considérable était Job, le chien favori de Nicolas Treml; le second n'était autre que Jean-Blanc, l'Albinos. Chaque fois que Vaunoy entrait au salon, Job fixait sur lui ses rondes prunelles et grognait dans ses soies jusqu'à ce que M. de la Tremlays lui eût imposé péremptoirement silence. Vaunoy avait beau le flatter, il perdait sa peine. Job, en bon Breton qu'il était, avait la tête dure et ne changeait point volontiers de sentiment. M. de la Tremlays s'étonnait souvent de l'aversion que Job montrait à son cousin; cela lui donnait même parfois à réfléchir, car il tenait Job pour un chien perspicace, prudent et de bon conseil. Mais Vaunoy, d'autre part, était si humble, si serviable, si dévoué! Et puis, Saint-Dieu! il détestait si cordialement la France! Le moyen de concevoir des soupçons sérieux contre un homme qui abhorrait M. le régent? Quant à Jean Blanc, sa haine était beaucoup moins redoutable. Jean Blanc, en effet, occupait, dans l'échelle sociale, une position infiniment plus humble que celle de Job. Il était, de son métier, tailleur de cercles, passait pour idiot, et n'eût point pu soutenir son vieux père sans l'aide charitable de M. de la Tremlays. Il était reçu dans les cuisines du château, parce que l'hospitalité bretonne accueillait hommes, mendians et animaux avec une égale religion ; mais c'était à grand'peine qu'il conquérait sa place au feu, et il lui fallait exécuter bien des cabrioles pour désarmer le mauvais vouloir du maître-d'hôtel, lors de la distribution des vivres.

— Arrière, méchant lapin blanc! disait ce chef des valets de Treml. N'as-tu pas honte, gibier de rebut, de demander la pitance d'un chrétien!

Jean, suivant son humeur, hochait la tête en éclatant de rire, ou baissait ses yeux pleins de larmes. Parfois un éclair de raison ou de fierté semblait traverser sa cervelle. Alors, la bordure enflammée de ses paupières devenait livide, tandis qu'une tache écarlate se dessinait sur sa joue. C'était l'affaire d'un instant.

L'écuyer Jude prenait le parti du pauvre albinos, dont l'apathie naturelle avait déjà triomphé de sa fugitive colère.

— Un peu plus de charité, maître Alain, disait l'écuyer Jude au majordome; Jean Blanc est le fils de son père, qui était un digne serviteur de Treml. Notre monsieur n'entend pas qu'on traite ainsi les bonnes gens de la forêt.

Jude ne mentait point. Nicolas Treml était doux envers ses vassaux; mais, si accompli que soit le maître, l'insolence, cette gangrène de la valetaille, sait toujours se faire place en quelque coin de l'office.

Alain, le maître-d'hôtel, grommelait un juron armoricain et coupait à Jean Blanc un morceau de pain de mauvaise grâce. Celui-ci trempait aussitôt sa soupe, sans rancune apparente, et dévorait avec la plus parfaite égalité d'âme. Quand il avait fini, on lui donnait une seconde écuelle de bouillon bien chaud qu'il portait à son père, Mathieu Blanc, le vieux vannier de la Fosse-aux-Loups.

Cette tranquillité de Jean Blanc était-elle feinte ou réelle? nous ne saurions trancher cette question d'une manière précise, et parmi ceux qui le connaissaient, les avis étaient partagés. On s'accordait à reconnaître que sa cervelle ne contenait point la somme d'idées raisonnables que comporte l'intelligence de l'homme ; mais était-il sérieusement idiot? — Tant que durait le jour, il chantait de bizarres refrains sur les couronnes de hauts châtaigniers ; il gambadait le long des chemins ; à vêpres, son blême visage grimaçait à faire pâmer de rire chantres, marguilliers et bedeau. Et pourtant Jean soignait son vieux père avec l'attention délicate d'une fille dévouée ; quand Mathieu avait besoin de remèdes, Jean travaillait le double, et plus d'un paysan affirmait l'avoir vu, le soir, agenouillé et priant au chevet du vieillard endormi. En outre, on le savait capable d'une reconnaissance sans bornes. Il s'était jeté, sans armes, au devant d'un sanglier qui menaçait l'écuyer Jude, son protecteur, et il avait escaladé plus d'une fois les hautes murailles du jardin de la Tremlays, rien que pour baiser, en pleurant de joie, les mains du petit M. Georges, le fils de son bienfaiteur. Sa tendresse pour l'enfant était poussée jusqu'à une sorte de passion, et ceux qui ne croyaient point à l'idiotisme de Jean, disaient que sa haine pour M. de Vaunoy venait de ce qu'il le regardait comme un intrus, destiné à frustrer le petit Georges de son héritage.

Ils disaient cela quand ils n'avaient point

à dire autre chose de plus intéressant, car, bien entendu, Jean Blanc était un sujet de conversation fort secondaire. A part Vaunoy, qui le craignait vaguement et d'instinct, Jude et M. de la Tremlays, qui ne dédaignaient point de causer parfois familièrement avec lui, personne ne s'occupait beaucoup du pauvre albinos. On admirait sa merveilleuse adresse à tous les exercices du corps, comme on eût admiré l'agilité d'un chevreuil de la forêt; sa douteuse folie ne l'entourait pas même de ce mystérieux prestige qui s'attache, dans les contrées demi-sauvages, aux êtres privés de raison. Les gens de la forêt se défiaient de sa démence et ne la trouvaient point de franc aloi. Quant aux femmes, Jean étaient pour elles un objet de dégoût ou de moquerie.

Elles riaient en apercevant de loin sa face enfarinée que nous ne saurions comparer qu'au masque populaire de nos pierrots; elles frissonnaient lorsque le soir elles voyaient briller, sous le neigeux linceul de sa chevelure, l'éclat phosphorescent de ses yeux rouges.

Revenons à Nicolas Treml que nous avons laissé méditant au chevet de son petit-fils Georges. Sans doute, le sujet de ses réflexions le captivait bien puissamment; car, durant de longues heures il demeura immobile et si profondément absorbé, qu'on eût pû le prendre pour l'un de ces vieillards de pierre qui dorment autour des antiques tombeaux. L'horloge du château avait sonné minuit depuis longtemps lorsqu'il secoua sa préoccupation.

Il se leva, son visage était sombre, mais résolu. Il saisit la lampe qui brûlait auprès de lui, et traversa doucement la salle, assourdissant le sonore cliquetis de ses éperons pour ne point troubler le sommeil de Georges.

— Vaunoy est incapable de me trahir, murmurait-il; je le crois..... sur mon salut, je le crois..... Mais la loyauté n'exclut pas la prudence, et il n'y a que Dieu pour sonder jusqu'au fond le cœur des hommes. Je veux prendre mes précautions.

Le vent des nuits courait dans les longs corridors de la Tremlays. Nicolas Treml, abritant de la main la flamme de sa lampe, descèndit le grand escalier et se rendit à la salle d'armes, où reposait Jude Leker, son écuyer. Il l'éveilla et lui fit signe de le suivre. Jude obéit aussitôt en silence.

M. de la Tremlays remonta d'un pas rapide les escaliers du château, traversa de nouveau les longs corridors et fit entrer Jude dans une petite pièce de forme circulaire, qu'il avait choisie pour sa retraite habituelle.

Lorsque Jude fut entré, M. de la Tremlays ferma la porte à double tour.

L'honnête écuyer n'avait point coutume de provoquer la confiance de son maître. Quand Nicolas Treml parlait, Jude écoutait avec respect, mais il ne faisait point de question. Cette fois pourtant, la conduite du vieux seigneur était si étrange, sa physionomie portait le cachet d'une résolution si solennelle, que l'écuyer ne put réprimer sa curiosité.

— Mon respecté seigneur... commença-t-il...

Nicolas Treml lui imposa silence d'un geste, et fit jouer la serrure d'une armoire scellée dans le mur.

De cette armoire il tira un coffret de fer vide qu'il mit entre les mains de Jude.

Ensuite, prenant au fond d'un compartiment secret de pleines poignées d'or, il les empila méthodiquement dans le coffret, comptant les pièces une à une. Cela dura longtemps, car il compta cent mille livres tournois.

Jude n'en pouvait croire ses yeux, et se creusait la tête pour deviner le motif de cette conduite extraordinaire.

Quand il y eut dans le coffret cent mille livres bien comptées, Nicolas Treml le ferma d'un double cadenas.

— Demain, dit-il d'une voix basse et calme, tu chargeras cette cassette sur un cheval... sur ton meilleur cheval... et tu iras m'attendre, avant le lever du soleil, à la Fosse-aux-Loups.

Jude s'inclina.

— Avant de partir, reprit M. de la Tremlays, tu prieras M. mon cousin de

Vaunoy, de se rendre auprès de moi sur-le-champ... Va !

Jude se dirigea vers la porte.

— Attends! poursuivit encore Nicolas Treml ; tu t'habilleras comme on fait lorsqu'on ne doit point revenir au logis de longtemps... Tu t'armeras comme pour une bataille où il faut mourir... tu diras adieu à ceux que tu aimes... As-tu fait ton testament ?

— Non, répondit Jude.

— Tu le feras, continua M. de la Tremlays.

Jude fit un signe d'obéissance passive et emporta la cassette.

LE DÉPOT.

III

Nicolas Treml ne dormit point cette nuit-là. Le lendemain, avant le jour, il entendit dans la cour le pas du cheval de Jude. Presque au même instant la porte de sa chambre s'ouvrit, et Hervé de Vaunoy parut sur le seuil. Il n'avait plus cet air humble et craintif dont nous l'avons vu s'affubler en entrant au château pour la première fois. Son sourire s'épanouissait maintenant, joyeux, sur sa lèvre. Il portait le front haut et affectait les dehors d'une franchise brusque, à peine tempérée par un affectueux respect.

— Saint-Dieu! dit-il en arrivant, vous êtes matinal, monsieur mon très cher cousin. J'étais encore à mon premier somme lorsque...

Il s'arrêta tout à coup en apercevant le sévère et pâle visage de Nicolas Treml, dont l'œil perçant tombait d'aplomb sur son œil, et semblait vouloir descendre jusqu'au fond de sa conscience.

— Qu'y a-t-il, murmura-t-il avec un involontaire effroi.

Nicolas Treml lui montra du doigt un siége; il s'assit.

—Hervé, dit le vieux gentilhomme d'une voix lente et tristement accentuée, lorsque Dieu m'a repris mon fils, vous étiez un pauvre homme; faible, vous souteniez une lutte inégale contre moi qui suis fort. Vous alliez être écrasé...

— Vous avez été généreux, mon noble cousin, interrompit Vaunoy qui se sentait venir une vague inquiétude.

— Serez-vous reconnaissant? reprit le vieillard.

Vaunoy se leva et saisit sa main qu'il porta vivement à ses lèvres.

— Saint-Dieu! monsieur, s'écria-t-il, je suis à vous, à vous corps et âme!

Nicolas Treml fut quelque temps avant de reprendre la parole. Son regard ne se détachait point de Vaunoy.

— Je vous crois, dit-il enfin ; je veux vous croire.... Aussi bien, il n'est plus temps d'hésiter ; ma résolution est prise. Ecoutez.

M. de la Tremlays s'assit auprès de Vaunoy, et poursuivit :

— Je vais partir pour ne point revenir peut-être... Ne m'interrompez pas... Ma route sera longue, et au bout de la route je trouverai un abîme. La Providence peut me faire surmonter ce danger certain et redoutable ; mais la Providence protége-t-elle encore le pays breton ?... Mon espoir est faible, et ma ferme croyance est que je vais à la mort.

— A la mort ! répéta Vaunoy sans comprendre.

— A la mort ! s'écria le vieillard, dont un sublime enthousiasme illumina le visage ; n'avez-vous jamais désiré mourir pour la Bretagne, monsieur de Vaunoy ?

— Saint-Dieu ! mon cousin, il est à croire que cette idée a pu me venir une fois ou l'autre, répondit Hervé à tout hasard.

— Mourir pour la Bretagne !... mourir

pour sa mère opprimée, monsieur, n'est-ce pas le devoir d'un gentilhomme?

— Si fait... mais...

— Le temps presse, et mon projet n'est point d'entrer dans d'inutiles explications. Quand je ne serai plus là, Georges aura besoin d'un appui...

— Je lui en servirai.

— D'un père...

— Ne vous dois-je pas la reconnaissance d'un fils! déclama pathétiquement Vaunoy.

— Vous l'aimerez bien, n'est-ce pas, Hervé, ce pauvre enfant que je vous lègue? Vous lui apprendrez à aimer la Bretagne, à détester l'étranger... vous me remplacerez.

Vaunoy fit le geste d'essuyer une larme.

— Oui, reprit le vieillard, en refoulant son émotion au-dedans de soi, — vous êtes bon, bon et loyal. J'ai confiance en vous, et ma dernière heure sera tranquille.

Il se leva, traversa la salle d'un pas ferme, et ouvrit un meuble d'où il sortit un parchemin scellé à ses armes.

— Voici un acte, continua-t-il, que j'ai rédigé moi-même cette nuit, et qui vous confère la pleine propriété de tous les domaines de Treml.

Vaunoy tressauta sur son siége. Ses yeux

éblouis virent des millions d'étincelles. Tout son sang se précipita vers sa joue. M. de la Tremlays, occupé à déplier le parchemin, ne prit point garde à ce mouvement de joie délirante.

Il continua :

— Sans vous mettre dans mon secret, qui appartient à la Bretagne, je puis vous dire que mon entreprise m'expose à une accusation de lèse-majesté. Ce crime — car ils nomment cela un crime! — entraîne non seulement la mort, mais la confiscation de tous les biens de l'accusé. Il faut que l'héritage de Georges Treml soit à l'abri de cette chance, et je vous ai choisi pour dépositaire de la fortune de mon petit-fils.

Vaunoy n'eut point la force de répondre, tant sa cervelle était bouleversée par cet événement inattendu. Il mit seulement la main sur son cœur et darda au plafond son regard hypocrite.

— Acceptez-vous? demanda Nicolas Treml.

— Si j'accepte! s'écria Vaunoy, retrouvant à propos la parole ; — Ah! mon cousin, voici donc venue l'occasion de vous témoigner ma gratitude! Si j'accepte!.... saint-Dieu! vous me le demandez!

Il prit à deux mains celles du vieillard.

— Merci, merci, mon noble cousin ! continua-t-il avec effusion ; je prends le ciel à témoin que votre confiance est bien placée !

Job, le chien favori de M. de la Tremlays, interrompit à ce moment Vaunoy par un grognement sourd et prolongé. Ensuite, il quitta le coussin où il avait passé la nuit, et vint se placer entre son maître et Hervé, sur lequel il fixa ses yeux fauves. Vaunoy tressaillit et recula instinctivement.

— Le chien et l'idiot! pensa le vieillard qui n'était pas pour rien Breton de bonne race et gardait au fond de son cœur cette corde qui vibre si aisément dans les poitrines armoricaines, la superstition.

Il hésita durant une seconde, et fut tenté peut-être de serrer le parchemin ; mais la voix de ce qu'il appelait son devoir le poussait en avant. Il écarta du pied Job avec rudesse et remit l'acte entre les mains de Vaunoy.

— Dieu vous voit, dit-il, et Dieu punit les traîtres. Vous voici souverain maître de la destinée de Treml.

Le chien, comme s'il eût compris ce que ces paroles avaient de solennel, s'affaissa sur son coussin en hurlant plaintivement.

— Et maintenant, monsieur de Vaunoy, reprit Nicolas Treml, non par défiance de vous, mais parce que tout homme est mortel et que vous pourriez quitter ce monde sans avoir le temps de vous reconnaître, je vous demande une garantie.

— Tout ce que vous voudrez, mon cousin.

— Ecrivez donc, dit le vieillard en lui désignant la table où l'attendaient encre, plume et parchemins.

Vaunoy s'assit, Nicolas Treml dicta :

« Moi, Hervé de Vaunoy, je m'engage à remettre le domaine de la Tremlays, celui du Boüexis-en-Forêt et leurs dépendances à tout descendant direct de Nicolas Treml qui me représentera cet écrit... »

— Monsieur mon cousin, interrompit Vaunoy, ceci pourrait donner des armes au fisc. Si vous êtes condamné comme coupable de lès-emajesté, cet acte sera naturellement suspect....

— Continuez toujours : « ... Cet écrit, accompagné de la somme de cent mille livres, prix de la vente desdits domaines et dépendances. »—Comme cela, monsieur, le fisc n'aura rien à reprendre. Cent mille livres forment un prix sérieux, quoique bien au-dessous de la valeur des domaines....

Vaunoy demeura pensif. Au bout de quelques secondes, il déplia le parchemin que lui avait remis d'abord M. de la Tremlays. C'était un acte de vente en due forme. La ligne de ses sourcils qui s'était legèrement plissée, se détendit tout à coup à sa vue.

— Allons, dit-il, tout est pour le mieux, puisque telle est votre volonté... Dieu m'est témoin que je souhaite du fond du cœur que ces paperasses deviennent bientôt inutiles par votre heureux retour.

— Souhaitez-le, mon cousin, dit le vieillard en hochant la tête, mais ne l'espérez pas... Veuillez signer et parapher votre engagement.

Vaunoy signa et parapha. Puis chacun des deux cousins mit son parchemin dans sa poche.

— Je pense, reprit Vaunoy après un long silence pendant lequel Nicolas Treml s'était replongé dans sa rêverie; je pense que ces préparatifs n'annoncent point un **départ subit.**

Il pensait tout le contraire et ne se trompait point.

Sa voix éveilla en sursaut M. de la Tremlays qui se leva, repoussa violemment son siége et passa la main sur son front avec une sorte d'égarement.

— Il est temps! murmura-t-il d'une voix étouffée. Vous m'avez rappelé mon devoir. Je vais partir.

— Déjà?..

— On m'attend, et je suis en retard... Allez, Vaunoy ; faites seller mon cheval. Je vais dire adieu à la maison de mon père et embrasser pour la dernière fois l'enfant de mon fils.

Vaunoy baissa la tête avec toutes les

marques extérieures d'une sincère affliction et gagna les écuries.

Nicolas Treml ceignit la grande épée de ses aïeux, vaillant acier, damassé par la rouille, et qui avait fendu plus d'un crâne anglais au temps des guerres nationales. Il couvrit ses épaules d'un manteau et posa son feutre sur les mèches éparses de ses cheveux blancs.

Entre sa chambre et la retraite où reposait Georges, son petit-fils, se trouvait le grand salon d'apparat. C'était une vaste salle aux lambris de chêne noir sculptés, dont les panneaux étaient séparés par des colonnettes en demi-relief à corniches dorées. Entre chaque panneau pendait un portrait de famille au-dessus duquel était

peint un écusson à quartiers. Nicolas Treml
traversa cette salle d'un pas lent et pénible.
Son visage portait l'empreinte d'une austére
et profonde douleur. Il s'arrêta devant les
derniers portraits qui étaient ceux de son
père et de sa mère défunts et se mit à genoux.

— Adieu, madame, murmura-t-il; adieu,
mon père! Je vais mourir comme vous avez
vécu : pour la Bretagne !

Comme il se relevait, un oblique rayon
de soleil levant, perçant les vitraux de la salle,
fit scintiller les dorures et mit un reflet de
vie sur tous ces raides visages de suzerains
et de chevaliers. On eût dit que les nobles
dames souriaient et respiraient le séculaire
parfum de leur inévitable bouquet de ro-

ses; on eût dit que les fiers seigneurs mettaient, plus superbes, leurs poings gantés de buffle sur leurs hanches bardées de fer, en écoutant la voix de ce dernier Breton qui parlait de mourir pour la Bretagne.

Avant de quitter la salle, Nicolas Treml se découvrit et salua les vingt générations d'aïeux qui applaudissaient à son sacrifice.

Le petit Georges dormait encore, mais ce sommeil matinal était léger. Le contact de la bouche de son aïeul suffit pour clore son rêve. Il s'éveilla dans un charmant sourire et jeta ses bras roses autour du cou du vieillard.

M. de Tremlays avait dit adieu sans fai-

blir aux images vénérées de ses ancêtres,
mais il resta sans force à la vue de cet enfant, seul espoir de sa race, qui allait être
orphelin et qui souriait doucement comme
à l'aurore d'un jour de bonheur.

— Que Dieu te protége, mon fils, murmura-t-il, tandis qu'une larme péniblement
contenue mouillait le bord de sa paupière
blanchie ; qu'il fasse de toi un gentilhomme
et un Breton... Puisses-tu ressembler à tes
pères, qui étaient vaillans — et libres!

Il déposa un dernier baiser sur le front
de l'enfant et s'enfuit parce que l'émotion
brisait son courage.

Dans la cour, Hervé de Vaunoy tenait le
cheval sellé par la bride. Ce modèle des cou-

sins voulut à toute force faire la conduite à M. de la Tremlays jusqu'au bout de son avenue. Quant à Job, on fut obligé de le mettre à la chaîne pour l'empêcher de suivre son maître.

Au bout de l'avenue, M. de la Tremlays arrêta son cheval et tendit la main à Vaunoy.

— Retournez au château, dit-il ; nul ne doit savoir où se dirigent mes pas.

— Adieu donc, monsieur mon excellent ami ! sanglotta Vaunoy. Mon cœur se fend à prononcer ces tristes paroles.

— Adieu, dit brusquement le vieillard. Souvenez-vous de vos promesses et priez pour moi.

Il piqua des deux. — Le galop de son cheval s'étouffa bientôt sur l'épaisse mousse de la forêt.

Hervé Vaunoy garda pendant quelques secondes son visage contristé, puis il frappa bruyamment ses mains l'une contre l'autre en éclatant de rire.

— Saint-Dieu! dit-il, on m'a donné place en un petit coin, et le diable a fait le reste... Bon voyage, monsieur mon digne parent! soyez tranquille! nous accomplirons pour le mieux nos promesses, et vos domaines passeront en bonnes mains!

Il rentra au château la tête haute et le feutre sur l'oreille. En passant près de Job, il frappa rudement le pauvre chien du pommeau de son épée, en disant :

— Ainsi traiterai-je quiconque ne pliera point.

Ce jour-là, les serviteurs de Treml oublièrent de chanter leurs joyeux noëls à la veillée. Il y avait autour du château comme un atmosphère de malheur, et chacun pressentait un événement funeste.

Nicolas Treml enfila au galop les sentiers tortueux de la forêt. Au lieu de suivre les routes tracées, il s'enfonçait comme à plaisir dans les plus épais fourrés. A mesure qu'il avançait, l'aspect du paysage devenait plus sombre, la nature plus sauvage. De gigantesques ronces s'élançaient d'arbre en arbre comme les lianes des forêts vierges du Nouveau-Monde. Çà et là, au milieu de quelque clairière où croissaient l'ajonc et l'aride genêt, une misérable cabane fumait et animait le tableau d'une vie mélancolique.

Après une demi-lieu faite à franc étrier, le vieux gentilhomme fut obligé de ralentir sa course. La forêt devenait réellement impraticable. Il attacha son cheval au tronc d'un chêne près duquel paissait déjà la monture de son écuyer Jude, qui ne devait pas être fort loin, et se fraya un passage dans le taillis. Quelques minutes après, il rejoignait son fidèle serviteur, qui l'attendait, assis sur le coffret de fer.

LA FOSSE-AUX-LOUPS.

IV

À une demi-heure de chemin de la lisière orientale de la forêt de Rennes, loin de tout village et au centre des plus épais fourrés, se trouve un ravin profond dont la pente raide et rocheuse est plantée d'arbres qui s'étagent, mêlés çà et là d'épais buissons de houx et de touffes d'ajoncs qui atteignent une hauteur extraordinaire. Un mince filet d'eau coule, durant la saison pluvieuse, au fond du ravin; l'été, toute trace d'humidité disparaît, et le lit du ruisseau est marqué seulement par la ligne verte que trace l'herbe croissant au milieu de la mousse jaunâtre et desséchée.

Ce ravin court du nord au sud. L'un de ses bords, celui qui regarde l'orient, est occupé par une futaie de chênes; l'autre s'élève presque à pic, boisé vers sa base, puis ras et nu comme une lande, jusqu'à une hauteur considérable. La tête chauve du roc y perce à chaque pas entre les touffes de bruyère. De larges crevasses s'ouvrent çà et là, bordées de cyprès nains et d'ifs au noir feuillage.

En 1719, l'aspect de ce paysage était plus sombre encore, s'il est possible. Au sommet de la rampe que nous venons de décrire, deux tours en maçonnerie, qui avaient dû servir autrefois de moulin à vent, élevaient leurs murailles lésardées qui menaçaient ruine complète depuis un temps immémorial. Tout à l'entour, l'herbe disparaissait sous les décombres.

A quelques pas, sur la droite, le sol se montrait tourmenté et gardait des traces d'antiques travaux. Çà et là on découvrait des tranchées profondes, dont les lèvres, arrondies par le temps, avaient dû être coupées à pic autrefois, et correspondre à quelque puits de carrière ou de mine. De l'autre côté de la montée, des pans de murailles annonçaient que des constructions considérables avaient existé en ce lieu.

Mais tous ces restes d'anciens édifices étaient de beaucoup antérieurs aux moulins à vent, qui pourtant, eux aussi, s'affaissaient de vieillesse. Pour remonter à leur origine et se rendre raison de leur destination évidemment industrielle, il eût fallu, traversant le moyen-âge entier, se guinder jusqu'aux temps plus civilisés de la domination romaine. Or, nous pouvons affirmer que, dans la forêt de Rennes, au commencement du dix-huitième siècle, le nombre des savans, archéologues ou antiquaires, était extraordinairement limité.

Précisément en face et au-dessous des moulins à vent en ruines, le ravin se rétrécissait tout à coup, de telle façon que les grands arbres, penchés sur les deux rampes, rejoignaient leurs épais branchages et formaient une voûte impénétrable. Cet immense berceau, noir, lugubre, solitaire, avait nom, dans le pays, La Fosse-aux-Loups. Point n'est besoin de dire au lecteur l'origine probable de ce nom.

Le voyageur égaré qui traversait par hasard ce site sauvage, dont les lugubres teintes, transportées sur la toile par un pinceau de mérite, formeraient une décoration merveilleusement assortie pour certains de nos drames de boulevards, le voyageur, dis-je, n'apercevait, de prime aspect, nulle trace du voisinage ou de la présence des hommes. Partout la solitude, partout le silence, rompu seulement par ces mille bruits qui s'entendent là où la nature est livrée à elle-même. On aurait pu se croire au milieu d'un désert. Néanmoins, un examen plus attentif eût fait découvrir, demi-cachée par un bouquet de frênes, une petite loge de terre battue, couverte en chaume, et dont l'unique ouverture était garnie de lambeaux de serpillière faisant l'office de carreaux. Cette loge s'appuyait à l'une des deux tours. Son apparence misérable, loin d'égayer le paysage, jetait sur tout ce qui l'entourait un reflet de détresse et d'abandon.

C'était, comme nous l'avons vu, à la

Fosse-aux-Loups que Nicolas Treml avait donné rendez-vous à Jude, son écuyer. Le bon serviteur était à son poste avant le jour. Tandis qu'il attend patiemment son maître, assis sur les cent mille livres qui représentent, à cette heure, l'opulent domaine de Treml, nous soulèverons le lambeau de toile qui ferme la pauvre loge couverte en chaume, et nous introduirons à l'intérieur un regard curieux.

La loge était composée d'une seule chambre. Ses meubles consistaient en un grabat et deux escabelles. Au lieu de plancher, le sol nu et humide; au lieu de plafond, le revers de la couverture, c'est-à-dire le chaume, supporté par des gaules qui servaient de solives. Dans un coin un peu de paille, et sur la paille un homme endormi.

Sur le grabat un autre homme veillait : c'était un vieillard que l'âge et la maladie avaient réduit à une extrême faiblesse. Il souffrait, et ses deux mains, qui serraient sa poitrine, semblaient vouloir étouffer une plainte.

L'homme qui gisait sur le grabat et celui qui dormait sur la paille avaient entre eux une ressemblance frappante. Leurs traits étaient également pâles et comme effacés; tous deux avaient des chevelures de neige. C'étaient évidemment le père et le fils, mais l'âge avait blanchi la chevelure du vieillard, tandis que le jeune homme, créature monstrueuse et exceptionnelle, avait apporté en naissant ce signe ordinaire de la décrépitude. C'était Jean Blanc, l'albinos.

Uue douleur plus aiguë arracha au vieillard un cri plaintif. Jean bondit sur la paille froissée de sa couche, et fut sur pied en un instant. Il s'approcha du grabat et prit la main de son père qu'il pressa silencieusement contre son cœur.

— J'ai soif, dit Mathieu Blanc.

Jean saisit une écuelle fêlée où restaient quelques gouttes de breuvage, et la tendit à son père qui but avec avidité.

— J'ai encore soif, murmura le vieillard après avoir bu; bien soif.

Jean parcouru des yeux la cabane. Il n'y avait rien.

— Je vais travailler, père, s'écria-t-il en s'élançant vers sa cognée; j'ai dormi trop longtemps. J'apporterai du remède.

Le vieux Mathieu se retourna péniblement sur sa couche; mais au moment où Jean allait franchir le seuil, il le rappela.

— Reste, dit-il, je souffre trop quand je suis seul.

Jean déposa aussitôt sa cognée et revint vers le lit.

— Je resterai, père, répondit-il. Quand vous aurez sommeil, je courrai jusqu'au château, et je demanderai ce qu'il faut à Nicolas Treml, qui ne refuse jamais.

— Jamais! prononça lentement Mathieu.

Celui-là est un gentilhomme : il n'oublie point son serviteur qui n'a plus de bras pour travailler ou se battre... Il ne méprise point l'enfant parce qu'il a les cheveux d'une autre couleur que ceux des hommes. Que Dieu le bénisse!

— Que Dieu le sauve! dit l'albinos.

Mathieu se souleva sur son séant et regarda son fils en face.

— Jean, reprit-il vivement, ma mémoire est faible, parce que je suis bien vieux. Mais pourtant je crois me souvenir... Ne m'as-tu pas dit que le fils de Nicolas Treml est en grave péril?

— Voici deux ans qu'il est trépassé, mon père.

— C'est vrai. Ma mémoire est faible... Le fils de son fils alors? le dernier rejeton de Treml?...

— Je vous l'ai dit, mon père.

— Quel danger, enfant; quel danger? s'écria le vieillard avec une fiévreuse exaltation. Ne puis-je point le secourir?

Jean laissa tomber un triste regard sur le corps épuisé de son père.

— Priez, dit-il, moi j'agirai... Hier, du haut d'un arbre dont j'ébranchais la couronne, j'ai aperçu au loin Nicolas Treml qui revenait de Rennes, où sont assemblés les états...

— C'est une noble et vaillante assemblée, Jean!

— Elle était ainsi autrefois, mon père. Je descendis sur la route afin de saluer notre monsieur, suivant ma coutume; mais sa préoccupation était si grande, qu'il passa près de moi sans me voir. Je le suivis. Il causait avec lui-même, et j'entendais ses paroles.

— Que disait-il ?

Les traits de l'albinos se contractèrent tout-à-coup, et une irrésistible convulsion fit jouer tous les muscles de sa face. Il éclata de rire.

— Que disait-il? répéta le vieillard.

Jean, au lieu de répondre, se prit à gambader par la chambre, en chantant un monotone refrain du pays. Son père fit un geste de muette douleur et se retourna vers la muraille, comme s'il eût été habitué à ces tristes scènes de folie.

Il en était ainsi. Jean, sans être idiot, comme le croyaient les bonnes gens de la forêt, avait de fréquens dérangemens d'esprit, qui lui laissaient une lassitude morale et une mélancolie habituelles. Sa laideur physique et l'incertaine faiblesse de ses facultés faisaient de lui un être à part; il le savait, et, se sentant inférieur à ses grossiers compagnons que son intelligence dominait pourtant à ses heures lucides, il cachait soigneusement cette intelligence, se tenait à l'écart et affectait d'étranges manies qu'il plaçait comme une barrière entre lui et la foule. Moitié maniaque, moitié misanthrope, il était tantôt bouffon volontaire, tantôt réellement insensé.

A son père seulement, pauvre vieillard qui s'éteignait dans sa misère, Jean Blanc se montrait sans voile et découvrait les trésors de tendresse filiale qui étaient au fond de son cœur.

Quant à Nicolas Treml, l'albinos avait pour lui un dévoûment sans bornes. Mais Jean Blanc, le tailleur de cercles, le malheureux à qui Dieu avait refusé jusqu'à l'apparence humaine, portait en son ame une indomptable fierté. Il bornait lui-même les bienfaits du châtelain, et n'acceptait que le strict nécessaire. M. de la Tremlays, d'ailleurs, exclusivement occupé de ses idées de résistance aux empiétemens de la couronne, ignorait jusqu'à quel point son vieux serviteur Mathieu était dénué de ressources. Il avait dit, une fois pour toutes, à son maître-d'hôtel, de ne jamais rien refuser au fils de Mathieu, et se reposait du reste sur cet homme.

Alain, le maître-d'hôtel, détestait Jean Blanc et remplissait mal à son égard les généreuses intentions de son maître; mais Jean Blanc n'avait garde de se plaindre. Quand il rencontrait par hasard M. de la Tremlays dans les sentiers de la forêt, il lui parlait de Georges qu'il aimait avec passion, et enveloppait de mystérieuses paraboles l'expression des soupçons qu'il avait conçus contre Hervé de Vaunoy.

Ces entrevues avaient un caractère

étrange. Le seigneur et le vilain se traitaient d'égal à égal, parce que le premier prenait en pitié sincère le second, et que celui-ci, dévoué, mais orgueilleux outre mesure, trouvait un bizarre plaisir à s'envelopper de sa folie comme d'un manteau qui lui permît de jeter bas tout cérémonial.

Jean Blanc resta une demi-heure à peu près en proie à son accès de délire. Il sautait et grommelait entre ses dents :

— Je suis le lapin blanc, le lapin !..

Et il riait un rire amer et plein de sarcastique souffrance.

Au plus fort de son accès, il s'arrêta tout-à-coup, et son œil rouge perdit son expression de fiévreux transport. Il passa vivement sa tête à la fenêtre et jeta son regard avide dans la direction de la Fosse-aux-Loups.

A ce moment, Nicolas Treml et son écuyer Jude sortaient du ravin et remontaient la rampe opposée. Jean se précipita au-dehors, mais pendant qu'il gagnait la porte, le maître et le serviteur avaient disparu derrière les grands arbres.

Voici ce qui s'était passé entre eux :

LE CREUX D'UN CHÊNE.

V

Au centre de la Fosse-aux-Loups s'élevait un tronc de chêne de dimensions colossales. Il étageait ses hautes et noueuses racines sur le plan incliné de la rampe; ses branches, grosses comme des arbres ordinaires, radiaient en tous sens et formaient en quelque sorte la clé de la voûte de verdure qui recouvrait cette partie du ravin.

Il courait dans le pays sur cet arbre géant et sur les deux tours qui couronnaient la rampe méridionale du ravin, divers bruits traditionnels. On disait, entre autres choses, que l'arbre s'élevait directement au-dessus d'un vaste souterrain dont l'entrée devait se trouver dans les fondations de l'une des deux tours, ou bien encore sur le versant opposé de la montée, au milieu des tranchées et pans de murailles dont nous avons parlé. Personne, et c'est bien là le caractère propre de l'apathie bretonne, n'avait songé jamais à vérifier cet on dit; à cause de cela, tout

le monde était persuadé de son exactitude.
Les opinions étaient seulement partagées
sur l'origine de ces souterrains, que, de
mémoire d'homme, nul n'avait explorés.
Les uns prétendaient que c'étaient tout
simplement d'anciens puits d'où l'on reti-
rait autrefois du minerai de fer ; les autres, repoussant cette bourgeoise hypothèse, affirmaient que ces caves sans limi-
tes couraient en tous sens sous la forêt et
rejoignaient celles du manoir de Boüexis,
où la tradition plaçait un des centres de
résistance au contrat d'Union, du temps de
la bonne duchesse Anne, cette princesse
si populaire, dont les actes sont maudits
et dont la mémoire est adorée. Dans cette
seconde hypothèse, le souterrain aurait été
un refuge ou un lieu d'assemblée pour les

premiers conjurés qui, dans la Haute-Bretagne, portèrent le nom de Frères-Bretons. Quoi qu'il en soit, quiconque eût douté de l'existence de ces caves, aurait été regardé comme un ignorant ou un insensé.

Aucune trace n'accusait néanmoins leur voisinage, et il fallait qu'elles fussent situées à une grande profondeur, car le chêne atteignait presque le fond du ravin, et ses racines devaient percer au loin le sol. Sa circonférence était énorme, et bien que nul signe de décrépitude ne se montrât dans son vivace feuillage, le tronc, complètement dépourvu de moëlle, ne se soutenait plus que par la couche ligneuse extérieure et l'écorce. Deux larges trous donnaient passage à l'intérieur, qui formait une véritable salle où dix hommes auraient pu s'asseoir à l'aise.

Ce fut au pied de ce chêne que M. de la Tremlays rejoignit son écuyer.

Le vieux gentilhomme était pâle. Les amères pensées qui se pressaient dans son cœur se reflétaient sur son austère visage. Jude était vêtu et armé comme pour un long voyage. A l'approche de son maître, il se leva et montra du doigt le coffret de fer.

— C'est bien, dit Nicolas Treml.

Il se mit à genoux près du coffret dont il fit jouer la serrure. Puis, tirant de son sein le parchemin signé par Hervé de Vaunoy, il le cacha sous les pièces d'or.

— Comme cela, murmurait-il en refermant le coffre, pauvres ou riches, les Treml pourront réclamer leur héritage, et la trahison sera vaincue... si trahison il y a.

Jude ne comprenait point et demeurait immobile, prêt à exécuter un ordre, quel qu'il fût, mais ne se souciant point de le devancer.

Jude était un homme de robuste taille et de visage durement accentué. Ses pommettes anguleuses saillaient brusquement hors du contour de sa joue et donnaient à ses traits ce caractère de rudesse que présente d'ordinaire le type breton. Il portait

les cheveux longs et sa barbe grisonnante
s'enroulait en épais collier autour de son
cou. Son costume, de même que celui de
Nicolas Treml, eût été fort à la mode cent
ans auparavant, et, à la longueur démesu-
rée de sa rapière à garde de fer, on pouvait
croire que le temps des chevaliers errans
et des hauberts d'acier n'était point passé
depuis des siècles. C'est que, en Bretagne,
le temps ne vole point, il marche; ses ai-
les se détrempent et s'alourdissent au bru-
meux contact de l'atmosphère armoricaine.
Les coutumes enchérissent sur le temps;
elles se traînent ou restent immobiles. Il y
a encore, au moment où nous écrivons ces
lignes, entre Paris et telle ville du pays de
Léon, de la Cornouaille ou de l'évêché de
Rennes, la même distance qui existe entre

le moyen-âge et notre ère, entre la résine et le gaz, entre le coche et la vapeur, mais aussi entre la poésie et la prose, entre les flèches à jour d'une cathédrale et les toits bâtards de nos temples modernes, entre un noble homme et un aigrefin de la petite bourse.

Au moral, Jude était une de ces honnêtes natures façonnées à la soumission passive, et qui ont, dès l'enfance, inféodé leur vouloir à une volonté suzeraine. Jude obéissait; c'était son rôle et sa vocation; mais son obéissance était dévoûment et non point servilisme. On ne conçoit plus guère de nos jours ces contrats tacites et irrévocables qui faisaient du maître et du serviteur un seul tout, possédant deux forces d'homme au service d'une volonté unique. Domesticité emporte l'idée d'abjection, et, juste ou non, cette idée pèse sur toute une classe de notre société ; mais, à ces époques où le vasselage organisé remontait du serf au souverain par tous les échelons d'un système entièrement complet et sans lacunes, le valet était à son seigneur ce que son seigneur était au roi. Il y avait proportion, par conséquent comparaison, et toute comparaison exclut le mépris absolu. En des temps plus éloignés de nous et lorsque la chevalerie était encore une vérité, les fils de nobles ne chaussaient point les éperons de plein droit ; il leur fallait porter la lance d'autrui avant de mettre une devise à leur écu, et c'était par les épreuves d'une *domesticité* véritable qu'ils devaient passer pour arriver au titre le plus splendide dont jamais vaillant homme ait été revêtu : celui de chevalier. Or, comme nous l'avons dit, les mœurs sont stationnaires en Bretagne et les souvenirs vivaces. Au commencement du siècle qui vit compiler l'Encyclopédie et dressa un piédestal à Voltaire, cet homme qui a mis son esprit haineux et jaloux comme un linceul glacé sur les croyances de quinze cents ans, au commencement de ce siècle, disons-nous, les rites féodaux n'étaient point oubliés en Bretagne. Ses gentilshommes terriens, qui ne perdaient jamais de vue les cheminées fumeuses de leurs manoirs, n'avaient pu changer de peau au contact des idées nouvelles. Les vassaux étaient des vassaux dans toute la force du mot, rien de plus, rien de moins, c'est-à-dire des termes de la grande progression féodale.

Les valets étaient des vassaux (1).

On ne doit donc point s'étonner si nous faisons une différence entre Jude et un serviteur à gages. Nous restons dans la vérité. Jude, tout disposé qu'il était à obéir passivement et sans discussion, gardait entière sa dignité d'homme. Son obéissance avait la même source, sinon la même portée, que le dévoûment d'un haut baron à la personne du roi.

Lorsque M. de Tremlays eut refermé le coffret à double tour, il jeta autour de soi un regard plein d'inquiétude.

— Sommes-nous seuls, demanda-t-il à voix basse, — bien seuls?

(1) Valet — *vaslet* (vasselet).

Jude fit une minutieuse battue dans les buissons environnans.

— Nous sommes seuls, répondit-il.

— C'est que, poursuivit le vieux gentilhomme en plaçant sa main étendue sur le coffret de fer, — c'est que la vie et la fortune de Treml sont là-dedans, mon homme; c'est que voici mon secret, l'espoir de ma race, la compensation de mon sacrifice, — et que mon plus cher ami courrait danger de mort s'il me surprenait ici à l'heure qu'il est.

— Dois-je me retirer ? demanda Jude.

— Non. Tu es à moi. Je sais que tu mourrais avant de trahir.

Jude mit la main sur son cœur.

— Vous êtes seul, répéta-t-il.

Monsieur de la Tremlays jeta un second regard aux taillis d'alentour. Puis il leva les yeux.

— Qu'est cela ? dit-il en apercevant, derrière les tours ruinées, la loge de Mathieu Blanc.

— Ce n'est rien, répondit Jude. Le lapin blanc dort et son père se meurt.

Un nuage passa sur le front du vieux gentilhomme.

— Jean Blanc ! murmura-t-il.

Le souvenir de la scène de la veille traversa son esprit comme une menace ou un mauvais présage.

— Le pauvre gars, dit Jude, n'est point aimé de maître Alain. Dieu sait ce qu'il deviendra durant notre absence !

Nicolas Treml tendit sa bourse de soie à Jude, qui comprit et la lança comme une fronde par-dessus les arbres. La bourse, adroitement dirigée, alla tomber juste au seuil de la loge.

— Et maintenant, à l'ouvrage ! dit le vieux gentilhomme.

Avec l'aide de Jude, il porta le coffret de fer dans le creux du chêne. Ce lieu servait de magasin à Jean Blanc et contenait ses outils en même temps que plusieurs fagots de branches de châtaignier. Jude prit un pic et commença à creuser. Après une heure d'un travail qui fut rude à cause de la nature du sol, tout veiné de racines, le coffret fut enfoui et recouvert de terre. Jude rétablit si adroitement les choses dans leur état primitif, qu'il eût fallu trahison préalable pour soupçonner que la terre eût été remuée.

Le soleil montait et jetait déjà ses rayons pardessus les cîmes des arbres.

— En route! dit Nicolas Treml. Le chemin est long et j'ai grande hâte d'en finir.

Le maître et le serviteur remontèrent la rampe à pas précipités.

Ce fut à ce moment que Jean sortit de la

loge et les aperçut. Doué comme il l'était d'une agilité merveilleuse, il bondit le long de la descente et atteignit bientôt l'endroit du fourré où M. de la Tremlays avait disparu. Mais il tâtonna dans les taillis, et lorsqu'il arriva dans la route frayée, il entendit au loin le galop de deux chevaux. Il s'élança de nouveau. Les chevaux allaient comme le vent; quoi qu'il pût faire, il ne gagnait point de terrain. Alors, par une inspiration soudaine, il gravit un chêne avec la prestesse d'un écureuil et gagna le sommet en quelques secondes. Il vit deux chevaux qui couraient dans la direction de Fougères.

— Nicolas Treml! cria-t-il d'une voix désespérée.

Le vieux gentilhomme se retourna et continua sa course.

Jean Blanc se fit un porte-voix de ses deux mains et entonna le chant d'Arthur de Bretagne.

Un instant il put croire que ce naïf expédient produirait l'effet qu'il en attendait. Nicolas Treml s'arrêta indécis, mais bientôt, passant la main sur son front comme pour chasser d'importunes pensées, il enfonça ses éperons dans le ventre de son cheval.

Jean Blanc descendit et regagna silencieusement la Fosse-aux-Loups. Auprès du seuil de la loge, il vit briller un objet entre les décombres, aux rayons du soleil. C'était la bourse du vieux seigneur. Une larme vint dans les yeux de Jean Blanc.

— Dieu le conduise! murmura-t-il. Il est bon, il croit bien faire.

Il s'assit sur le seuil et demeura pensif.

— Pauvre petit monsieur Georges! dit-il après un long silence : seul, aux mains de cet homme!.. Mais le lapin peut mordre comme le loup pour défendre ou venger ceux qu'il aime, ajouta-t-il après une pause..... je tâcherai!

LE VOYAGE.

VI

La dernière voix que Nicolas Treml entendit sur ses domaines fut celle de Jean Blanc, dont le chant mélancolique et menaçant le saluait au départ comme un mauvais présage. Il fallut au vieux gentilhomme toute sa force d'âme et cette obstination entêtée qui est le propre du caractère breton pour vaincre les tristes pensées qui vinrent assaillir son cœur. Il repoussa loin de lui l'image de Georges et continua sa route. Il ne voulait point sans doute que l'on connût son itinéraire, car, après avoir fait deux lieues dans la direction du Coüesnon et de la mer, il revint brusquement sur ses pas, tourna Vitré, dont la noire citadelle absorbait les rayons du soleil de midi, et gagna le chemin de Laval, en laissant sur sa droite les belles prairies où serpente la Vilaine.

Entre Laval et Vitré, un peu au-dessous du bourg d'Ernée, qui joua, quatre-vingts ans plus tard, un grand rôle dans les guerres de la chouannerie, s'élevaient, sur un peti tertre, deux tronçons de poteaux, dont les têtes avaient été coupées. Ces deux poteaux se dressaient à six pieds l'un de l'autre, séparés par deux tranchées, entre lesquelles on voyait encore les débris vermoulus d'une barrière.

Nicolas Treml arrêta son cheval et se découvrit. Jude Leker l'imita.

— Quelques pas encore, dit M. de la Tremlays, et nous serons sur la terre ennemie... la terre de France! Pendant que nos pieds touchent encore le sol de la patrie, il nous faut dire un *Ave* à Notre-Dame de Mi-Forêt.

Tous deux récitèrent dévotement l'oraison latine.

— Autrefois, reprit le vieux gentilhomme, ces poteaux avaient une tête. Celui-ci portait l'écusson d'hermines timbré d'une couronne ducale. L'autre portait d'azur à trois fleurs de lis d'or. De ce côté-ci de la barrière, il y avait un homme d'armes breton ; de l'autre, un homme d'armes français... Les soldats se regardaient en face ; les emblèmes se dressaient fièrement à longueur de lance l'un de l'autre : Dreux et Valois étaient égaux.

— C'était un glorieux temps ! soupira Jude.

— Dreux n'est plus. Bourbon a volé son héritage, et la Bretagne est une province, poursuivit Nicolas Treml. Mais Dieu est juste ; il rendra mon bras fort... Viens !

Ils franchirent l'ancienne limite des deux états et continuèrent leur route en silence.

Le voyage fut long. Ils virent d'abord Laval, ancien fief de la Trémoille; Mayenne, qui donna son nom au plus gros des Guise; Alençon, qui fut l'apanage de plusieurs fils de France. Dans chacune de ces villes ils s'arrêtaient le temps de faire reposer leurs chevaux. Puis ils repartaient en hâte.

— Où allons-nous ? se demandait parfois Jude Leker.

Mais il ne faisait point cette question tout haut. S'il plaisait à Nicolas Treml de taire le but de ce voyage, ce n'était point à lui, Jude, qu'il appartenait de surprendre ce secret.

Son incertitude ne devait pas durer longtemps désormais. Ils traversèrent Mortagne, puis Verneuil, puis Dreux, et, le matin du sixième jour, ils franchirent la grille dorée du parc de Versailles.

Versailles était abandonné déjà, mais ses blancs perrons de marbre avaient encore le brillant éclat des jours de sa gloire. Statues, colonnades, urnes antiques et riches frontons gardaient leur splendeur du dernier règne. Il y avait si peu de temps que durait le veuvage de la cité royale! Le sable des allées ne conservait-il pas encore les traces des mules de satin et des hauts talons vermillonnés comme les joues d'une coquette? N'y avait-il pas encore des fleurs dans les vases, des chiffres amoureux sur l'écorce des arbres, des jets de cristal dans la bouche souriante des naïades de bronze? Hélas! le veuvage a continué trop longtemps; les fleurs se sont flétries; bronzes et marbres ont pris l'austère beauté des œuvres d'un autre âge; il n'y a plus ni chants, ni joies, ni ondoyans panaches de courtisans, ni petits souliers de duchesses. C'est au passé qu'il faut dire avec le poète :

> Oh! que Versaille était superbe
> Dans ces jours purs de tout affront,
> Où les prospérités en gerbe
> S'épanouissaient sur son front!
> Là tout faste était sans mesure,
> Là chaque arbre avait sa parure,
> Là chaque homme avait sa dorure;
> Tout du maître suivait la loi;
> Comme au même but vont cent routes,
> Là les grandeurs abondaient toutes :
> L'olympe ne pendait aux voûtes
> Que pour compléter le grand roi.

Nicolas Treml et son écuyer n'étaient point gens, il faut le dire, à s'occuper beaucoup de sculpture ou de jets d'eau. Ils jetèrent chemin faisant un regard distrait sur tous ces dieux du paganisme qui souriaient, jouaient de la flûte ou dansaient couronnés de raisins, puis ils passèrent.

Après avoir marché quelques heures encore ils trouvèrent la Seine.

— Paris est-il encore bien loin? demanda Nicolas Treml à un bourgeois qui, monté sur son bidet, tenait le bas de la chaussée.

Le bourgeois se retourna et tendit son bras vers l'est. M. de la Tremlays, suivant ce geste, aperçut à l'horizon un point lumineux. C'était l'or du dôme des Invalides qui lui renvoyait les rayons du soleil levant.

— Courage, ami, dit-il à Jude; voici le terme de notre pélerinage.

Jude répondit : c'est bien.

Si les chevaux avaient pu parler, ils auraient sans doute manifesté leur satisfaction d'une manière plus explicite.

En entrant dans la ville, Nicolas Treml se fit indiquer le palais du régent et piqua des deux pour y arriver plus vite. Une sorte de fièvre semblait s'être emparée de lui. Jude le suivait pas à pas. La figure du bon serviteur trahissait cette fois une curiosité puissante. Par le fait, que pouvait vouloir au régent M. de la Tremlays ?

Ce dernier descendit de cheval à la porte du Palais-Royal. Il voulut entrer ; les valets lui barrèrent le passage.

— Allez dire à monsieur Philippe d'Orléans, dit-il, que Nicolas Treml veut l'entretenir.

Les valets regardèrent le gothique costume du vieux gentilhomme qui disparaissait littéralement sous une épaisse couche de poussière, et tournèrent le dos en éclatant de rire.

Le plus courtois d'entre eux répondit du bout des lèvres : — Monseigneur est à son château de Villers-Cotterets.

Monsieur de la Tremlays se remit en selle.

— Quelqu'un de vous, dit-il, veut-il me conduire à ce château ?

La livrée du régent redoubla ses rires dédaigneux.

— Mon brave homme, s'écria-t-on, les gens de votre sorte ne sont point admis au château de Villers-Cotterets.

— C'est quelque paysan du Danube dont monseigneur aura séduit la fille, chuchottait un valet de pied.

— C'est plutôt, répliqua un coureur, l'epoux picard de quelque gentille donzelle...

— C'est Virginius !

— C'est Ménélas !

Jude mit la main sur la garde de sa grande épée, mais son maître le retint d'un geste et tourna bride : l'insulte qui vient de trop bas s'arrête en chemin et n'est point entendue.

M. de la Tremlays fit halte dans une hôtellerie qui portait pour enseigne les armes de Bretagne. Sans prendre le temps de se débotter, il manda le maître et lui ordonna de trouver un guide qui le conduisît sur l'heure à Villers-Cotterets.

L'étonnement de Jude était au comble. Sa curiosité, refoulée, l'étouffait. Enfin, n'y pouvant plus tenir, il prit la parole.

— Monsieur, dit-il timidement, vous avez donc grand désir de voir Philippe d'Orléans ?

— Tu me le demandes! s'écria Nicolas Treml avec énergie.

Cette réponse porta la surprise de Jude au-delà de toutes bornes.

— Que je meure! murmura-t-il en se parlant à lui-même, si je sais ce que monsieur peut vouloir au régent!

Nicolas Treml entendit, saisit le bras de son écuyer et dit :

— Je veux le tuer !

Jude se reprocha de n'avoir point deviné une chose si naturelle.

— A la bonne heure ! dit-il.

Et il reprit sa tranquillité d'ame habituelle.

A ce moment, l'hôte reparut avec un guide.

LA

FORÊT DE VILLERS-COTTERETS

VII

La magnifique maison de plaisance du régent Philippe d'Orléans avait ce jour-là un aspect plus joyeux encore que d'habitude. On voyait les palefreniers s'empresser dans les cours autour des carrosses attelés. Les chevaux de selle piaffaient et se démenaient comme pour appeler leurs maîtres, et toute une armée de pages, coureurs et laquais à galantes livrées encombrait les abords du perron.

Le régent était encore à table. Ce prince, dont l'interrègne a fourni tant de sujets de vaudevilles grivois et de romans de bas lieu, n'avait point les royales mœurs de ses aînés de Bourbon. Entre les goûts fastueux de Louis XIV il avait fait un mesquin triage, et bornait ses passions à deux : la table et le boudoir. Sa cour sentait l'orgie; il y avait des taches de vin sur les dentelles de ses favoris, et c'est peut-être le seul prince qui soit réellement à sa place sur les planches mal fréquentées de nos petits théâtres. Louis XV eut les défauts que chacun sait, mais du moins l'ivresse ne le fit jamais trébucher et choir dans le ruisseau.

La régence fut un bon temps pour le gibier des forêts de la couronne. Philippe d'Orléans ne chassait guère et préférait de beaucoup, pour cause, les moëlleux coussins d'un carrosse au crin et au cuir de la selle. Ses promenades avaient lieu d'ordinaire après boire, et dans ces occasions il avait, le plus souvent, grand besoin d'un dossier.

Il faut que toute chose finisse. Le repas eut un terme. Courtisans et belles dames descendirent, à flots de velours et de satin, le grand perron du château. Tous étaient, comme on peut le croire, en merveilleuse humeur. Il n'y avait pas une bouche rose qui ne s'épanouit dans un provoquant sourire, pas une perruque poudrée qui n'oscillât complaisamment, tandis que son propriétaire grasseyait un bon mot ou décochait une déclaration érotique en baisant un gant parfumé. C'était un délicieux caquetage, un pêle-mêle adorable de marquises entre deux vins et de vicomtes sautés au madère. Les collerettes étaient bien quelque peu fripées, les jabots froissés, les coiffures dérangées, mais la morale restait sauve néanmoins, puisque le révérend Guillaume Dubois, abbé d'une foule d'abbayes et qu'on proclamait déjà cardinal en expectative, sanctifiait par sa présence cette aimable cérémonie.

Madame de Carnavalet, qui avait l'honneur d'être distinguée par le régent depuis trois fois vingt-quatre heures, monta la première en carosse. Ce fut le signal. Les équipages s'émaillèrent de charmans visages ; les chevaux de selle dansèrent sous leurs cavaliers, et la grande porte de la cour s'ouvrit.

Par extraordinaire, Philippe d'Orléans n'avait point pris place dans son carosse. Il essayait un magnifique cheval que lui avait envoyé la reine Anne d'Angleterre, présent qu'il appréciait surtout à cause de son origine britannique, car le régent était Anglais de cœur.

Tous les historiens s'accordent à dire que Philippe d'Orléans avait un fort beau visage ; ses portraits d'ailleurs en font foi.

Lorsqu'il voulait bien mettre de côté ses allures abandonnées et ses façons de roué en goguette, on reconnaissait en lui le descendant des rois, et il pouvait faire figure de prince. Ce jour-là, se trouvant d'humeur gaillarde, il se mit en selle avec aisance, et tout aussitôt la cavalcade s'ébranla.

Entre la sauvage forêt de Rennes et les massifs artistement percés de Villers-Coterets, il y avait plein contraste. C'étaient bien encore ici de grands bois à l'opaque ombrage, des chênes haut lancés, des couverts à égarer une armée; mais la main de l'homme se faisait partout sentir. Il fait bon pour une terre être domaine de prince. Lorsque la main du maître peut ne point ménager l'or, la nature se façonne et s'embellit sans rien perdre de son agreste splendeur. Tantôt les larges allées se déroulaient en méandres capricieux et ménagés comme à plaisir, tantôt elles alignaient à perte de vue leurs doubles rangées de troncs sveltes et semblaient une immense colonnade supportant une voûte de verdure. Entre les deux paysages, il faut le dire, l'avantage ne restait point à la Bretagne. La forêt de Retz fourmille de sites admirables. En descendant les ombreux sentiers qui mènent à la vallée, on songe au Paradis terrestre ; lorsqu'on regagne les hauteurs, l'horizon s'étend et acquiert cette largeur qui manque presque toujours aux paysages bretons. Et d'ailleurs, la pauvre forêt de Rennes ne saurait opposer que quelques gentilhommières inconnues, ou le clocher ignoré d'une église de village au royal château bâti par les Valois et à la noble abbaye de Prémontré.

Il y avait une heure que la cavalcade avait quitté l'avenue de Villers-Cotterets : elle avançait lentement : les gentilshommes caracolaient aux portières des carrosses qui roulaient sans bruit sur le gazon des allées. Philippe d'Orléans causait avec madame de Carnavalet, qui regardait le beau M. de Nancré par l'autre portière.

Tout à coup, à un détour de la route, deux cavaliers apparurent et se posèrent au milieu du chemin, de manière à barrer le passage. C'étaient deux hommes de haute taille et d'athlétique carrure. Leur costume, qui ne ressemblait en rien à celui de l'époque, était gris de poussière. Le plus vieux de ces deux inconnus se tourna vers un paysan monté sur un bidet qui lui servait de guide, et se tenait à distance respectueuse, et lui demanda tout haut :

— Lequel de ces gens est le duc d'Orléans?

Le paysan montra du doigt le prince et s'enfuit.

L'inconnu poussa droit au régent qui recula instinctivement, et porta la main à son épée. Les courtisans, un instant paralysés par la surprise, se jetèrent au-devant de leur maître. Madame de Carnavalet, qui avait d'abord songé à s'évanouir, reprit ses sens afin de bien voir.

— Qui êtes-vous? demanda le régent après le premier moment de silence.

— Je suis Nicolas Treml de la Tremlays, seigneur de Boüexis-en-Forêt, répondit le nouveau venu.

— Et que voulez-vous?

— Me battre en combat singulier contre le régent de France.

Ces étranges paroles furent prononcées d'un ton grave et ferme, exempt de toute fanfaronnade.

Les courtisans se regardèrent. Un muet sourire vint à leurs lèvres. Les dames étaient puissamment intéressées ; elles contemplaient cela comme on suit une représentation dramatique. Tout est spectacle pour les femmes.

C'était en effet un spectacle singulier et fait pour étonner que ces deux hommes, débris d'un autre siècle, mais débris vigoureux, menaçans, intrépides, au milieu de ces mignons à visages efféminés, — que ces longues épées à garde de fer, parmi ces rapières de parade, — que ces pourpoints de gros draps sans rubans ni broderies, au milieu de tout cet or et ce velours. On eût dit que la Bretagne du quinzième siècle sortait du tombeau et venait demander raison de la conquête aux arrière-neveux des conquérans.

Philippe d'Orléans avait senti d'abord un mouvement d'inquiétude, mais dix gentilshommes le séparaient maintenant du vieux Breton. Il oublia sa passagère frayeur.

— Cet homme est fou, dit-il en riant; il fera peur à nos dames. Qu'on le chasse!

L'ordre était explicite, mais la rapière de Nicolas Treml était longue. Les gentilshommes ne se pressaient point d'attaquer.

Le vieux Breton ôta lentement son gant de peau de buffle qui pouvait bien peser une livre.

— Il faut en finir! murmura le régent avec impatience.

— Il faut en finir! répéta gravement Nicolas Treml. — On m'avait dit que le sang de Bourbon était un sang héroïque; mais la renommée est menteuse, je le vois, ou bien la branche aînée a gardé tout entier l'héritage de vaillance.... Philippe d'Orléans, régent de France, pour la seconde fois, je te provoque au combat!

Ce disant, M. de la Tremlays dégaîna.

Les gentilshommes en firent autant. Les dames trouvèrent que la comédie marchait à souhait.

— Soyez témoins! reprit Nicolas Treml d'une voix haute et solennelle; — ne pouvant accuser le roi qui est un enfant, j'accuse le régent de France de tenir en servage la province de Bretagne, laquelle est libre de droit. Pour prouver la vérité de mon dire, j'offre le combat à outrance et sans merci.

Si Dieu permet que je succombe, la Bretagne n'aura perdu qu'un de ses enfans. Si je suis vainqueur, elle recouvrera ses légitimes priviléges.

— Un combat en champ clos! murmuraient les courtisans qui n'étaient point fort éloignés de s'amuser de l'aventure. Un combat entre S. A. R. et M. Nicolas!... l'idée vaut quelque chose...

Le régent ne riait plus.

Quand aux dames, saisies par le côté romanesque de l'aventure, elles admiraient maintenant l'austère visage du vieillard, et prenaient parti pour sa barbe blanche.

— Hé bien! reprit encore Nicolas Treml, dont l'œil s'allumait d'indignation, — régent de France, vous ne répondez pas!

Un silence profond suivit ces paroles. Chacun eut le pressentiment d'un événement extraordinaire. Au moment où le régent ouvrait la bouche pour ordonner définitivement à ses gentilshommes d'écarter le vieux Breton, celui-ci le prévint et se tourna vers son écuyer.

— Fais ranger ces hommes! dit-il froidement.

Jude poussa son robuste cheval au milieu du flot des courtisans qui, refoulés avec une irrésistible vigueur, se rejetèrent à droite et à gauche.

Durant une seconde, — une seule, — Philippe d'Orléans et Nicolas Treml se trouvèrent face à face. Ce court espace de temps suffit au vieillard qui, levant son massif gant de buffle, en frappa le régent de France en plein visage, et cria d'une voix retentissante :

— Pour la Bretagne !

Trente épées menacèrent au même instant sa poitrine. Les dames purent s'évanouir. Le dénoûment surpassait toute attente.

En recevant ce sanglant outrage, Philippe d'Orléans avait pâli. Il mit l'épée à la main comme le dernier de ses gentilshommes et se précipita vers l'agresseur.

Mais il s'arrêta en chemin. La colère avait peu de prise sur cette nature où la tête dominait complètement le cœur. Il revint vers madame de Carnavalet, qui faisait semblant d'être morte, et fit semblant de la secourir.

Pendant cela, un combat inégal et dont l'issue ne pouvait rester douteuse, s'était engagé entre les deux Bretons et la suite de S. A. R. Les gentilshommes français, qui, pour être fort dissolus, avaient néanmoins gardé leur générosité native, essayaient de désarmer leurs adversaires et non point de les tuer. Au bout de quelques minutes, Nicolas Treml, renversé de cheval, fut pris et lié à un arbre.

Il ne prononça plus une parole, et resta, tête haute, devant son vainqueur.

Jude avait encore son épée. Il était entouré de tous côtés, mais non pas vaincu.

M. de la Tremlays, jugeant inutile de prolonger la bataille, lui fit de loin un signe. Aussitôt Jude jeta son arme aux pieds de ses adversaires, qui s'emparèrent de lui sur-le-champ.

A ce moment, une douleur amère et soudaine se refléta sur les traits du vieux gentilhomme qui, jusqu'alors, avait gardé l'apparence d'un calme stoïque. Un souvenir venait de traverser son ame : il avait vu Georges qui souriait dans son berceau.

Jusqu'à cette heure, son extravagant espoir l'avait soutenu. Il avait cru forcer le régent à descendre dans l'arène et à jouer contre lui, l'épée à la main, les destinées

de la Bretagne. Il avait compté sur l'insulte
suprême, pensant que les princes, gentilshommes avant tout, ne savaient point venger un outrage autrement que par le juge-
ment de Dieu. Maintenant il comprenait.
La fièvre était passée. Comme il arrive toujours après une défaite, mille pensées si-
nistres se pressaient dans son cerveau. Il
sentait naître en son cœur un doute touchant la loyauté de son parent, Hervé de
Vaunoy ; et ce doute, à peine conçu, grandissait, grandissait jusqu'à devenir terrible comme une certitude. Il croyait entendre la voix menaçante et lointaine du pauvre albinos, et cette voix lui disait la ruine
de sa race.

Il jeta un regard découragé vers Jude,

et se repentit de lui avoir fait rendre son épée.

— Reprends ton arme, mon homme, cria-t-il. Passe sur le corps de ces muguets et va-t'en veiller sur l'enfant.

Jude obéit comme toujours. Un puissant effort le dégagea des mains qui le retenaient, mais la foule s'était augmentée; les valets et les palefreniers avaient rejoint la cour. Jude fut terrassé. En tombant, il tourna vers son maître ses yeux, pleins d'une respectueuse tristesse.

— Je n'ai pas pu! murmura-t-il, comme s'il eût voulu excuser une désobéissance.

Nicolas Treml courba la tête.

— Pauvre Georges! dit-il, — que Dieu me punisse et le prenne en pitié!

Madame de Carnavalet, jugeant que son évanouissement avait été suffisamment prolongé, reprit ses sens; le régent donna le signal du retour.

Tout le long de la route, il se montra d'une fort aimable gaîté. Seulement, en montant le perron du château, il se pencha à l'oreille de l'abbé Dubois et prononça le nom de la Bastille. Dubois s'inclina en signe d'obéissance.

C'était l'arrêt de Nicolas Treml et de l'honnête Jude, son écuyer.

TUTELLE.

VIII

Quelques heures après l'étrange bataille que nous avons rapportée, M. de la Tremlays et son écuyer furent enfermés à la Bastille.

Il est permis de croire que le vieux Bréton fit des réflexions assez tristes lorsqu'il franchit le seuil de la néfaste forteresse. Quant à Jude, on peut affirmer qu'il ne réfléchit pas du tout.

Quelques fussent ses angoisses secrètes, Nicolas Treml était trop fier et trop fort pour les laisser paraître sur son visage. Il monta en silence les noirs escaliers de la Bastille, et entra dans son cachot comme il entrait jadis au grand salon du château de la Tremlays, le front haut et la tête calme.

Mais le diable n'y perdit rien. Une fois seul, le vieux gentilhomme donna cours à son désespoir. Il s'accusa d'avoir abandonné Georges, et maudit presque son patriotisme inutile. Son entreprise lui apparaissait maintenant sous son véritable jour.

La vue de la cour avait changé ses idées. Il comprenait, mais trop tard, que sa tentative, qui eût été téméraire au temps de la chevalerie, devenait, au dix-huitième siècle, un véritable acte de démence.

— C'était pour la Bretagne ! se répétait-il en manière de consolation.

Mais cela ne le consolait point.

Sa douleur et ses regrets eussent été bien plus amers encore s'il eût pu voir ce qui se passait dans son château de la Tremlays. Hervé de Vaunoy, en effet, ne faisait point les choses à demi. Quelques mot échappés à Nicolas Treml, dans la dernière conversation qu'ils avaient eue ensemble, avaient mis Hervé sur la voie, et il devinait à peu près le but du voyage de son vieux parent. Ce lui en était assez pour conjecturer le reste.

Il laissa passer une semaine. Au bout de ce terme il regarda le retour de Nicolas Treml comme étant pour le moins fort problématique, et agit en conséquence. La majeure partie des vieux serviteurs du château fut congédiée. Vaunoy ne garda que ceux qu'il avait su se concilier dès longtemps, et Alain, le maître-d'hôtel, qui était un peu son confident.

Vaunoy avait totalement changé de caractère. Depuis deux ans, il rêvait nuit et jour la possession du riche domaine de Treml, et voilà que tout à coup ce rêve s'était accompli. Pauvre hier et ne possédant que son manteau râpé de gentillâtre, il s'éveillait aujourd'hui plus opulent que pas un membre de la haute noblesse bretonne. Il y avait de quoi mettre une cervelle d'ambitieux à l'envers, et celle de Vaunoy fit la culbute.

Il est vrai que, à bien prendre, cette opulence n'avait rien de réel. Entre les mains d'Hervé, le château avec ses dépendances n'était qu'un dépôt, et son rôle celui d'un fidéicommissaire. Mais, pour qui sait conduire sa barque, ce rôle de fidéicommissaire peut mener loin. Tout homme est mortel; le pupille est soumis à cette foule de hasards déplorables qui menacent notre pauvre humanité : on meurt de la fièvre, du croup; on meurt pour ne point manger assez ou pour manger trop; on est croqué par le loup, même ailleurs que dans les contes de Perrault ; on se noie : que sais-je ? Plus tard, il y a des duels, les chutes de cheval, et l'amour, qui perdit Troie. A cause de tout cela, le pupille d'un fidéicommissaire bien appris atteint rarement sa majorité lorsque l'héritage mérite considération.

Or, M. de Vaunoy était un homme fort capable. Seulement, comme il était impatient outre mesure de jouir sans contrôle, il ne fit point grand fond sur ces éventualités que nous venons d'énumérer. Le petit Georges, à la rigueur, pouvait sortir victorieux de toutes ces épreuves, et M. de Vaunoy entendait ne point courir les chances de ce jeu périlleux. Le Breton est bon et généreux d'ordinaire, mais quand il se met à être mauvais, les traîtres du boulevart sont des anges auprès de lui : rien ne lui coûte, et les moyens qu'il emploie alors sont d'une brutalité diabolique. Le lecteur en pourra juger sous peu.

Vaunoy continua de traiter Georges comme le fils chéri et respecté de son seigneur. Il voulait se faire un appui de l'affection de l'enfant pour le cas redoutable où M. de la Tremlays fût revenu inopinément quelque jour. Un mois, deux mois se passèrent : Hervé avait fait maison nette de tout ce qui portait amour au vieux sang de Treml. Néanmoins, il y avait un fidèle

serviteur qu'il n'avait point pu chasser :
c'était Job, le chien favori de Nicolas
Treml.

En vain les valets armés de fouets avaient
poursuivi Job jusqu'à une grande distance
dans la forêt; il revenait toujours. Au moment où Hervé le croyait bien loin, il le
retrouvait, le soir, assis auprès du berceau
de Georges endormi. Le chien veillait, et
nous ne pouvons point affirmer que, sans
la présence de ce vaillant gardien, l'héritier de Treml eût passé ses nuits sans péril, car M. de Vaunoy jetait souvent d'étranges regards sur la couche où reposait
son jeune cousin.

Job n'était pas seul à veiller sur le petit
Georges : un autre protecteur couvrait

l'enfant de sa mystérieuse vigilance. Avec l'or de Nicolas Treml, Jean Blanc avait soulagé les souffrances de son père. Il ne travaillait plus : le jour il dormait ou rôdait autour du château ; la nuit, il montait dans l'un des arbres du parc, dont les longues branches venaient frôler les fenêtres de la chambre où dormait Georges, et là, il faisait sentinelle jusqu'au matin. Hervé l'avait bien menacé parfois du fusil de son veneur, mais Jean Blanc savait courir sur la verte couronne des arbres comme un matelot dans les agrès de son navire. Il ne craignait point les balles, et d'ailleurs il avait dit : *Je tâcherai !*

L'ÉTANG DE LA TREMLAYS.

IX

Il y avait six mois que Nicolas Treml était parti. Personne ne savait en Bretagne ce qu'il était devenu. Les gens de la forêt le regrettaient parce qu'il était bon maître, et priaient Dieu pour le repos de son ame.

Un soir d'automne, Hervé de Vaunoy jeta sa canardière sur son épaule, et prit le petit Georges par la main. En cet équipage il se dirigea vers l'étang de la Tremlays. Job marchait sur ses talons; il suivait Georges. De temps en temps, Hervé de Vaunoy regardait du coin de l'œil le fidèle animal, et ce regard annonçait des dispositions qui n'étaient rien moins que bienveillantes.

Georges courait dans l'herbe ou cueillait les fleurs d'or des genêts. Ses cheveux blonds flottaient au vent du soir. Il était gracieux et charmant comme la joie de l'enfance.

L'étang de la Tremlays est situé à l'ouest et à un quart de lieue du château. Sa forme est celle d'un vaste trapèse dont trois côtés appuient leurs bordures d'aulnes à de grands taillis, tandis que le quatrième, coupé en talus escarpé, porte à son sommet un bouquet de futaie. Du point central de ce talus, qui surplombe par suite d'éboulemens anciens, s'élance presque horizontalement le tronc robuste et rabougri d'un chêne noir dont les longues branches pendent au-dessus de l'eau et couvrent le quart de la largeur de l'étang.

C'est vis-à-vis de ce chêne et à quelques toises de ses dernières branches, que la pièce d'eau atteint sa plus grande profondeur. Le reste est fond de vase où croissent des moissons de joncs et de roseaux que peuplent vers le commencement de l'hiver des myriades d'oiseaux aquatiques.

Sur la rive occidentale de l'étang de la Tremlays, s'assied maintenant une petite bourgade avec chapelle et moulin; mais à l'époque où se passe notre histoire, ce lieu était complètement désert, et il était bien rare qu'un passant vînt troubler les silencieux ébats de ses sarcelles ou de ses tanches.

M. de Vaunoy ouvrit le cadenas d'un petit bateau, plaça Georges sur l'un des bancs, et quitta la rive. Job, sans y être invité, franchit d'un bond la distance et s'installa aux pieds de l'enfant.

Après quelques coups de rame qui le

portèrent au milieu de l'étang, M. de Vaunoy arma sa canardière et jeta autour de soi un regard de chasseur novice. Un plongeon montra sa tête noire entre les roseaux ; Hervé fit feu.

Le bruit du coup fit tressaillir Job ; l'odeur de la poudre dilata ses narines. Il se dressa sur ses quatre pattes et darda son regard dans la direction des roseaux.

— Cherche là... cherche ! dit doucement M. de Vaunoy.

Vous savez l'histoire de la chatte métamorphosée en femme. Une souris se montre, et Minette de courir à quatre pattes. Job, excité dans son instinct, bondit hors du bateau, laissant Georges, effrayé du bruit, sur son banc.

— Cherche là... cherche! répéta M. de Vaunoy qui rechargeait vivement sa canardière.

Le chien cherchait, mais il n'avait garde de trouver le plongeon, dont la santé n'avait aucunement souffert.

M. de Vaunoy épaula de nouveau sa canardière.

— Regarde donc ce grand chêne, Georges, dit-il.

Pendant que l'enfant était retourné, le coup partit. Job poussa un hurlement plaintif, et se coucha, mort, dans les roseaux.

— J'ai vu derrière les feuilles du chêne, dit l'enfant, une grande figure blanche qui nous regardait.

Vaunoy jeta vivement les yeux vers l'arbre, mais il n'aperçut rien.

— Regarde encore, dit-il d'une voix pateline.

Puis il grommela entre ses dents :

— Cette fois, le maudit chien ne reviendra pas.

— Tiens ! s'écria Georges, — voilà encore la figure blanche.

Vaunoy était dans l'un de ces instants où l'homme a peur de son ombre. La nuit tombait rapidement. Il compta du regard les feuilles du chêne noir, et n'aperçut rien encore. L'enfant s'était sans doute trompé.

La main d'Hervé tremblait néanmoins

tandis qu'il déposait sa canardière au fond du bateau pour prendre les rames. Il se dirigea lentement vers le point de l'étang qui fait face au grand chêne. En cet endroit l'eau tranquille et plus sombre annonçait une grande profondeur. Vaunoy cessa de ramer. Il appuya sa tête sur sa main. Sa respiration était oppressée ; des gouttes de sueur coulaient sur son front.

Quand il se redressa, la nuit était tout-à-fait venue. A deux ou trois reprises il étendit sa main vers Georges, et chaque fois sa main retomba. Enfin il fit sur lui-même un violent effort :

— Eh bien! dit-il d'une voix étouffée, ne vois-tu plus la grande figure blanche?

L'enfant tourna la tête.

— Si, répondit-il, la voilà !

Tandis qu'il parlait encore, Vaunoy le saisit par derrière, et le précipita dans l'étang.

Au même instant, une longue forme blanche se montra en effet dans le feuillage du chêne; mais Vaunoy ne put la voir, occupé qu'il était à fuir vers le bord à force de rames. La lune qui se levait jeta ses premiers rayons par dessus les taillis et vint éclairer le pâle visage de Jean Blanc.

Au moment où Vaunoy atteignait la rive, l'albinos se laissa glisser le long d'une branche flexible qui pliait sous son poids et retombait au ras de l'eau. A l'aide de ses pieds, il imprima un mouvement de fronde à ce balancier, puis, ouvrant les mains tout à coup, il se trouva lancé tout près de l'endroit où Georges avait disparu.

Vaunoy entendit sans doute le bruit de sa chute, mais plein de cette superstitieuse terreur qui suit et venge le crime, il se boucha les oreilles et s'enfuit éperdu.

Quelques secondes après, Jean Blanc revint à la surface, ramenant l'enfant évanoui.

Le blafard visage de l'albinos avait une expression d'allégresse délirante lorsqu'il toucha le bord. Il prit sa course, serrant convulsivement l'enfant dans ses bras, et ne s'arrêta que lorsqu'il eut mis une large distance entre lui et le château de la Tremlays.

— J'étais là, disait-il en riant; je savais qu'on ferait du mal au petit monsieur.....
Maintenant il est à moi; je l'ai gagné.....
J'étais là pour que le fort ne tuât point le faible, comme dans la chanson d'Arthur de Bretagne.

Ceux qui connaissaient le pauvre Jean Blanc eussent vu dans ces paroles entrecoupées le symptôme précurseur de l'un de ses accès. Lui-même sentait vaguement l'approche d'une tempête intellectuelle, car sa joie tomba tout à coup. Il fit halte au milieu de l'une des routes de la forêt, et déposa Georges sur le gazon d'un talus.

L'atmosphère était froide. Une abondante rosée descendait du faîte des arbres à demi dépouillés de leurs feuilles. Arthur restait sans mouvement; ses membres étaient raides et glacés. Une livide pâleur couvrait son joli visage.

— Il faut qu'il s'éveille! grommelait Jean Blanc en tâchant de le réchauffer sur son sein; — il le faut, Sainte-Vierge, réveillez-le!

Ce disant, il se dépouillait de son juste-au-corps de peaux de lapins cousues, et s'en servait pour envelopper le corps transi de l'enfant. Sa poitrine haletait, ses yeux devenaient hagards. Il luttait contre l'accès de folie qui envahissait ses chancelantes facultés.

— Sainte-Vierge! cria-t-il enfin avec désespoir, donnez-moi le temps de l'éveiller. Je fais vœu...

Un irrésistible rire interrompit cette ardente invocation. Par un dernier éclair d'intelligence, il ôta de sa poitrine une médaille de cuivre qui portait l'empreinte vénérée de Notre-Dame-de-Mi-Forêt, et la passa au cou de l'enfant toujours inanimé. Aussitôt après, emporté par sa fièvre folle, il se jeta, tête baissée, gambadant, riant et chantant, au plus épais du fourré.

L'enfant, évanoui, resta à la garde de Notre-Dame.

L'accès de Jean Blanc fut long, parce que l'émotion qui l'avait provoqué avait été puissante; pendant plus d'une heure il courut les taillis en répétant son étrange refrain :

— Je suis le lapin blanc.... le lapin !

Au bout de ce temps, sa fièvre se calma. L'albinos sentit revenir ses idées, et le souvenir de Georges emplit tout à coup son cœur.

Il s'élança, renversant tout obstacle sur son passage; et, retrouvant sa route par une sorte d'instinct, en quelques minutes il atteignit l'allée. Son cœur battit de joie, car un rayon de lune, passant au travers des branches, éclairait un objet blanc sur le talus.

— Georges! cria-t-il.

Georges ne répondit point.

Jean Blanc franchit en deux bonds la distance qui le séparait du talus et tomba sur ses genoux.

— Georges! dit-il encore.

Et comme l'objet blanc restait immobile, Jean le toucha. C'était son juste-au-corps de peau.

L'enfant avait disparu.

FIN DU PROLOGUE.

LA FORÊT DE RENNES

LA VEILLÉE.

X

Vingt ans de plus pèsent un poids bien lourd sur la tête d'un homme ; mais, pour l'ensemble des choses créées, mis à part l'homme lui-même, c'est-à-dire pour la portion la plus grande, la plus durable, la plus vivante de la nature, vingt ans passent comme un souffle de brise, qui effleure et n'entame point.

Vingt ans écoulés ont rendu méconnaissables les personnages de notre récit. L'enfant s'est fait homme; l'homme est devenu vieillard ; le vieillard a cessé de vivre.

Mais le bon château de la Tremlays s'élève toujours, droit et robuste, au bout de son avenue de grands chênes. Si quelques arbres sont morts dans la forêt, d'autres jaillissent du sol, et s'élancent, pleins de sève, vers le beau soleil qui chauffe la voûte du feuillage. La Fosse-aux-Loups a gardé ses sombres ombrages, et le chêne creux soutient vaillamment le pesant fardeau de ses branches colossales. Les deux moulins chancellent et menacent ruine comme autrefois, et c'est à peine si l'on s'aperçoit que la pauvre loge de Mathieu Blanc s'est affaissée au ras du sol, tant le détail est mince et peu digne d'attention.

Quand à l'étang de la Tremlays, ce sont toujours les mêmes eaux dormantes et la même moisson de roseaux sous lesquels blanchissent dans la vase les ossemens de Job, le fidèle chien de Nicolas Treml.

Nous sommes à l'automne de l'année de 1740, et il y a veillée dans les cuisines de M. Hervé de Vaunoy de la Tremlays, seigneur du Boüexis-en-Forêt.

La cuisine est une grande pièce carrée, percée de quatre fenêtres hautes. Une large porte de chêne, garnie de fer, ouvre ses deux battans vis-à-vis de la vaste cheminée, dont le manteau en forme de toiture peut abriter une compagnie raisonnablement nombreuse. Cinq ou six troncs d'arbres brûlent dans l'âtre et mêlent leur rouge lumière à la lueur crépitante de deux résines. Sur la table massive qui occupe le milieu de la pièce, une rangée de *pichets* (cruches) méthodiquement alignés, exhale une bonne odeur de cidre mousseux. Il y a des pommes de terre qui rôtissent sous les cendres, et une demi-douzaine de quartiers de lard montrent, des deux côtés de la crémaillère, leur couenne recouverte de suie. Nous faisons grâce aux lecteurs des fourneaux, casseroles, cuillers à pot, marmites, écumoirs, etc.

Il y a vingt personnes assises sous le manteau de la cheminée. La plupart sont serviteurs ou servantes de Vaunoy; deux ou trois sont étrangères et reçoivent l'hospitalité.

Afin de ne point faire défaut à la galanterie française, nous parlerons d'abord des femmes ; sur cette escabelle à trois pieds et si près du feu que la pointe de ses sabots se charbonne, est assise la dame Goton Réhou, femme de charge de la Tremlays. Elle eut, si l'on en croit la chronique de la forêt, une jeunesse joyeuse ; mais cela date de quarante ans, et, à l'heure qu'il est, elle fume une pipe courte, noircie par un long usage, avec toute la gravité qui convient à une matrone de son importance.

Auprès d'elle, et s'éloignant graduellement du foyer, siégent les servantes du château : la fille de basse-cour, la pigeonnière, la trayeuse de vaches, et même la femme de chambre de mademoiselle Alix de Vaunoy. Cette dernière déroge sans nul doute en semblable compagnie ; mais il faut tuer le temps ; et Yvon, le valet des chiens, est ce qu'on appelle un bel homme.

De l'autre côté de la cheminée sont rangés les garçons.

C'est d'abord André, le garde ; Simonnet, le maître du pressoir ; Corentin, l'homme de la charrue, et beaucoup d'autres encore dont l'énumération serait longue et superflue.

Sous le manteau de la cheminée, et juste

en face de la dame Goton Réhou, est assis un homme de la forêt, hôte de la Tremlays pour quelques heures. Cet homme mérite une description particulière.

Il est charbonnier, cela se voit. Une couche épaisse de noir couvre son visage, et s'éclaircit seulement quelque peu aux angles saillans de la face, comme il arrive aux masques de bronze. Ses yeux, dont la paupière est enflammée, semblent craindre l'éclat ardent du foyer, et s'abritent derrière sa large main noircie. Il est, du reste, vêtu comme les gens de la forêt : bonnet de laine mêlée, veste longue en forme de paletot échancré, culottes courtes, bas bleus et souliers à boucles de fer.

Il est de taille problématique. Assis, il

semble petit, mais lorsqu'il se lève pour saisir un pichet et boire à même, ses longues jambes l'exhaussent tout à coup. Dans l'habitude de son corps il y a plus de souplesse que de force. Quant à son âge, nul ne saurait le dire. Depuis quinze ans, le charbonnier Pelo Rouan court la forêt. Tel on l'a vu la première fois, tel on le voit encore.

Nos personnages ainsi posés, nous écouterons leur conversation, car nous sommes fort dépaysés dans ce château où nous n'avons pas mis le pied depuis vingt ans.

Renée, la fille de chambre de mademoiselle Alix de Vaunoy, cause tout bas avec le bel Yvon, lequel raccommode son fouet, et tresse une *coulisse* (mèche), que Mirault,

Gerfault, Renault, etc., sentiront plus d'une fois sur leurs flancs savamment amaigris. André, le garde, frotte d'huile le ressort de son fusil à pierre. Corentin taille galamment un battoir pour Anne, la surintendante des vaches. L'entretien n'a rien encore de général.

Mais six heures ont sonné à la cloche fêlée du beffroi. Le vieux Simonnet, maître du pressoir, a écorché dévotement les versets de l'*Angelus*. Un silence de quelques minutes s'est fait, pendant lequel les uns ont prié, les autres ont fait semblant.

Quand ce silence eut duré suffisamment à son gré, dame Goton fit un signe de croix final et secoua les cendres de sa pipe avec précaution.

— Les jours s'en vont, dit-elle.

Chacun reconnut implicitement la justesse infini de cette observation.

— Vienne la fin du mois, poursuivit la vieille femme de charge, et nous aurons la résine allumée pour dire l'*Angelus* du soir.

— Ça, c'est la vérité, appuya Simonnet.

Et tous répétèrent avec conviction :

— Les jours s'en vont; ça c'est la vérité !

Dame Goton savoura un instant l'approbation générale.

— Maître Simonnet, reprit-elle ensuite, c'est un effet de votre complaisance, passez-moi le pichet ; ma pauvre langue brûle.

Au lieu d'un pichet on en passa dix, et tout le monde s'abreuva copieusement.

— Fameux et droit en goût, s'écria la vieille femme en promenant voluptueusement sa langue sur ses lèvres après avoir bu ; — tout ce qu'on peut demander c'est que le cidre de l'automne qui vient vaille celui de cette année... pas vrai ?

C'était là encore une de ces propositions dont le succès n'est point douteux. Tout le monde répondit affirmativement, et le maître du pressoir but un second coup pour prouver la sincérité de son opinion.

— Quant à ce qui est de l'an prochain,

dit-il, on ne sait pas ce qu'on ne sait pas.
Il cherra bien du bois mort dans la forêt
d'ici l'automne, et notre monsieur dit que
le temps qui court est un temps de péril.

Renée cessa de causer avec Yvon, et releva la tête avec inquiétude.

— Est-ce qu'on craint une attaque de
Loups? murmura-t-elle.

A cette question on eût pu voir le charbonnier fermer à demi les yeux et jeter à
la ronde un furtif regard.

—Les Loups! répéta Simonnet en frap-
pant son poing sur la table. — Si j'étais
seulement dans la peau de M. le lieutenant
de roi, on ne les craindrait pas longtemps,
les maudits brigands!... Dire qu'ils ont

brûlé mon beau pressoir du Boüexis-en-Forêt !

— Volé mes vaches, ajouta la trayeuse.

— Dévasté mon chenil, dit Yvon.

— Braconné plus de gibier que n'en chasse en trois ans notre monsieur, clama le garde.

— Tué mes poules ! — foulé mes guérets ! — brisé mes espaliers ! crièrent en chœur les divers fonctionnaires de la Tremlays.

La dame Goton bourrait gravement sa pipe et ne disait rien. Pelo Rouan, le charbonnier, semblait dormir, adossé contre la paroi de la cheminée.

— Oh! les maudits brigands! reprit le chœur, au milieu duquel on distinguait la voix flûtée et sur-aiguë de la fille de chambre.

Goton alluma sa pipe, et lança trois redoutables bouffées.

— Il y a vingt ans, murmura-t-elle, le maître de la Tremlays s'appelait Nicolas Treml. Ceux que vous nommez les Loups étaient des agneaux alors. C'est la misère qui a aiguisé leurs dents.

Un murmure désapprobateur suivit ces paroles.

— Les Treml étaient de bons maîtres, dit Simonnet avec le même embarras qu'aurait un vieux courtisan parlant d'un roi déchu au sein d'une cour nouvelle, — on ne peut pas dire le contraire; mais les Loups sont des bandits, et il n'y a que vous, dame Goton, pour prendre leur défense.

Un imperceptible sourire plissa la lèvre de Pelo Rouan. La vieille releva sa tête chenue avec dignité.

— Maître Simonnet, répondit-elle, je ne défends point les Loups, qui savent bien se défendre eux-mêmes. Je dis que ce sont des Bretons, voilà tout, — et que certaines gens sont plus vaillans au coin du feu que sous le couvert.

Le sourire du charbonnier se renforça, et les serviteurs du château restèrent penauds sous cette accusation de couardise faite ainsi à brûle-pourpoint.

— Patience! patience! dit enfin Simonnet. Il doit nous arriver de Paris un brave officier du roi pour prendre le commandement des sergens de Rennes, et protéger le passage des deniers de l'impôt à travers la forêt. Ces Loups damnés ont tué le dernier capitaine.....

— Gare au nouveau! interrompit dame Goton.

— On dirait que vous souhaitez un malheur! s'écria aigrement Renée, la fille de chambre.

— Ma mie, répondit Goton avec ironie, je suis vieille et je regrette l'ancien temps. Causez avec Yvon, croyez-moi, et rappelez-lui qu'avant de courir deux à deux par les taillis, il est bon de prononcer quelques mots devant M. le recteur, dans l'église paroissiale de Liffré.

Renée devint rouge et ne répondit point. La conversation allait mourir ou changer d'objet, lorsque Pelo Rouan, qui avait sans doute des raisons pour cela, frotta ses yeux comme un homme qui s'éveille et dit :

— Ai-je rêvé, maître Simonnet?... N'avez-vous point dit que nous allons avoir un nouveau capitaine pour mettre à la raison les Loups... que le ciel confonde!

— J'ai dit cela, mon homme, et c'est la vérité. Tant que les Loups n'ont fait que piller M. de Vaunoy, la cour de Paris n'y a point vu de mal; mais les hardis brigands sont allés, comme chacun sait, jusqu'à Rennes, attaquer en plein jour l'hôtel de M. l'intendant. Ils interceptent l'impôt...

— Quel dommage! interrompit l'incorrigible Goton avec un sarcastique sourire.

— Ce sont de fiers gueux! dit Pelo Rouan avec simplicité; — mais savez-vous quand arrive cet officier du roi dont vous parlez?

— On l'attend, mon homme.

Pelo Rouan se leva, prit un pichet qu'il porta à ses lèvres, et dit avec une bonhomie où la vieille Goton seule crut découvrir une pointe de raillerie :

— A la santé du nouveau capitaine !

— A sa santé ! répondirent les serviteurs de la Tremlays.

FLEUR-DES-GENÊTS.

XI

Pelo Rouan, avant de poser son pichet sur la table, ajouta, comme complément de son toast :

— Et à la confusion du Loup Blanc et de ses louveteaux !

— A la bonne heure! dit la vieille Goton, lorsque chacun eut applaudi à ce souhait charitable; Pelo Rouan est un pauvre homme de la forêt. Il y a pour lui courage à maudire tout haut le Loup Blanc, qui est fort et puissant, et dont mille bras exécutent les ordres; car tout à l'heure il va prendre son bâton de houx et affronter la nuit le domaine des Loups! à la bonne heure! Je ne veux point de mal à Pelo Rouan.

— Merci, dame, prononça lentement le charbonnier; moi, je vous veux du bien.

C'était un homme étrange que ce Pelo Rouan. Pendant qu'il parlait ainsi, son regard fixe couvrait Goton, tandis que la ligne rouge de ses paupières clignotait à la lumière du feu. Il y avait dans ce regard une gratitude plus grande que ne le méritait à coup sûr l'observation de la vieille femme de charge. Du reste, et nous devons le dire tout d'abord, la plupart des actions de cet homme étaient difficiles à expliquer. On croyait deviner chez lui parfois une marche lente et systématique vers un but mystérieux; mais on ne tardait pas à perdre sa trace, et l'espionnage le plus fin comme le plus obstiné eût été dérouté par sa conduite. Nul ne songeait d'ailleurs à l'espionner. A quoi bon l'eût-on fait? Ses fréquentes visites à la maison de M. de Vaunoy, ennemi personnel et acharné des Loups, éloignaient toute idée de connivence avec ces derniers, et cette connivence seule aurait pu donner quelque

forcé à un homme si bas placé dans l'é-
chelle sociale.

Il y avait quinze ou seize ans que Pelo
(Pierre) Rouan était venu s'établir dans la
forêt de Rennes. Il avait amené avec lui
une petite fille au berceau. Solitaire d'habitude et paraissant fuir la société de ses
pareils, il s'était bâti une étroite loge à
l'endroit le plus désert de la forêt, avait
creusé un four souterrain et faisait depuis
lors ce qu'il fallait de charbon pour soutenir son existence et celle de sa fille.

Marie avait pris la taille d'une femme.
En grandissant, elle était devenue bien
belle, mais elle l'ignorait. Beaucoup pré-
tendront que ces derniers mots renfer-
ment une impossibilité flagrante; nous

soutenons, néanmoins, notre dire. Marie, enfant de la solitude, n'avait de hardiesse que contre le danger. La vue de l'homme la troublait et l'effrayait. Lorsque la trompe de chasse criait dans les allées, Marie faisait comme les biches : elle se cachait dans les buissons. Jamais un des galans gentillâtres du pays n'avait pu l'approcher d'assez près pour l'appeler *mignonne* en lui prenant le menton, — comme font tous les gentillâtres depuis l'antiquité la plus reculée; jamais elle ne mettait de fromages dans un panier verni pour les porter au château, avec des pommes, des œufs et de la crême, comme cela se pratique encore de nos jours, au théâtre royal de l'Opéra-Comique; elle ne dansait ni *sur la fougère*, ni même *sous la coudrette;* en un mot, ce n'était en aucune façon une rosière de madame de Genlis, mirant ses pudiques attraits dans le cristal des fontaines, ni une ingénue de M. de Marmontel, raisonnant sur Dieu, la nature et le reste. C'était une fille de la forêt, simple, pure, demi-sauvage, mais portant en soi le germe de tout ce qui est noble, gracieux, poétique et bon.

L'expression générale de son visage était un mélange d'exquise gentillesse et de sensibilité exaltée. Elle avait de grands yeux bleus pensifs et doux dont le sourire échauffait l'ame comme un rayon de soleil. Sa joue pâle s'encadrait d'un double flot de boucles dorées, molles, flexibles, élastiques, qui ondoyaient à chaque mouvement de sa tête, et se jouaient sur ses épaules modestement couvertes. La nuance de cette chevelure eût embarrassé un peintre, parce que les couleurs dont peut disposer l'art humain sont parfois impuissantes. Cette nuance, dans un tableau, semblerait terne; ses candides reflets affadiraient le regard; elle ne repousserait point assez la blancheur de la peau; mais cela prouve seulement que l'homme n'a su dérober que la moitié de la palette céleste. Chez Marie, c'était un charme de plus; ses traits fins, mais hardiment modelés, apparaissaient suaves et comme voilés sous cette indécise auréole. Cela faisait l'effet de ce nuage mystique, aux rayons naïvement adoucis que les peintres du moyenâge donnaient pour ornement au front divin de la mère de Dieu. Marie était comme son père, elle aimait la solitude. Lorsqu'elle ne restait point dans la loge, occupée à tresser des paniers de chèvre-feuille que Pelo Rouan vendait aux foires de Saint-Aubin-du-Cormier, Marie errait, seule et rêveuse, dans les sentiers perdus de la forêt.

Souvent le voyageur s'arrêtait pour écouter une voix pure et semblable à la voix des anges, qui chantait la complainte d'Arthur de Bretagne dont nous avons parlé dans la première partie de ce récit. Ceux qui se souvenaient du pauvre Jean Blanc songeaient à lui en entendant sa romance favorite; la plupart savouraient la musique sans évoquer la mémoire de l'albinos, car bien d'autres que lui répétaient ce refrain qui berce les enfans dans toutes les loges du pays de Rennes. Du reste, on entendait presque toujours Marie comme on écoute le rossignol, sans la voir. Dès qu'elle apercevait un étranger, son instinct de timidité sauvage la portait à fuir. On voyait le taillis s'agiter comme au passage d'un faon, puis plus rien. Marie était alerte et vive. On eût couru longtemps avant de l'atteindre.

Quelques-uns cependant l'avaient vue, et le bruit de sa beauté sans rivale s'était répandu dans le pays. On ne savait point son nom, car Pelo Rouan ne souffrait guère de questions, surtout lorsqu'il s'agissait de sa fille, et Marie devenait muette dès

qu'un homme lui adressait la parole. A
cause de cette ignorance, et par un reste
de cette chevaleresque poésie qui a flori si
longtemps sur la terre de Bretagne, on
choisissait pour désigner Marie les noms
des plus charmantes fleurs. Les jeunes
gens de la forêt parlaient d'elle d'autant
plus souvent que son existence était plus
mystérieuse. A la longue, la coutume ef-
feuilla cette guirlande de jolis sobriquets.
Un seul resta qui faisait allusion à la couleur des cheveux de Marie : on l'appela
Fleur-des-Genêts.

Pelo Rouan laissait à sa fille une liberté
entière, dont celle-ci usait tout naturellement et comme on respire, sans savoir
qu'il en pût être autrement. D'ailleurs, le

charbonnier, quand même il l'aurait voulu, n'aurait point pu surveiller fort attentivement la jeune fille, car il faisait de longues et fréquentes absences. Le motif de ces absences était un secret, même pour Marie. Parfois, durant des semaines, le four de Pelo Rouan restait froid; mais quand il revenait, il travaillait le double et réparait le temps perdu.

Personne n'était admis dans la loge. On venait chercher Pelo Rouan de temps en temps la nuit. Dans ces circonstances ceux qui avaient besoin du charbonnier,— pour des causes que nous ne saurions dire, — frappaient à la porte d'une certaine façon. Pelo sortait. Marie, habituée à ce manège, ne prenait pas garde.

Un jour pourtant, en l'absence de Pelo Rouan, un étranger avait franchi le seuil de la loge inhospitalière : c'était un beau jeune homme, et Fleur-des-Genêts n'eut pas peur. Son cœur battit bien fort ; un rouge brûlant remplaça le délicat coloris de sa joue; mais la loge paternelle lui sembla tout d'un coup moins enfumée, les arbres plus verts, le ciel plus brillant au travers des éclaircies du feuillage. Elle se sentit vivre davantage et mieux.

Depuis ce jour, ses vagabondes promenades eurent un but : elle rencontrait le bel étranger qui lui mettait un baiser sur la joue, et s'asseyait près d'elle au pied d'un chêne. Les chevreuils seuls ou quelque renard espionneur auraient pu dire le sujet de leurs longs entretiens; mais le bonhomme La Fontaine était mort, et les bêtes ne savaient déjà plus parler. — Cela dura quelques mois, puis l'étranger partit, laissant son souvenir au fond du cœur de Marie, qu'il avait gardé pure comme s'il eût été son frère.

Une fois l'étranger parti, les gens de la forêt revirent Fleur-des-Genêts dans les taillis. Elle allait au hasard, la tête penchée, l'œil rêveur, et chantait bien mélancoliquement la complainte d'Arthur de Bretagne.

Pelo Rouan ne lui demandait point la cause de sa tristesse, parce qu'il l'avait devinée.

Cependant la veillée continuait dans la

cuisine du château de la Tremlays. Après avoir porté le toast qui ouvre ce chapitre, Pelo prit son bâton, comme l'avait annoncé la vieille femme de charge ; mais, au lieu de partir, il secoua lentement sa pipe, et se planta, le dos au feu, en face de maître Simonnet.

— Et..... sait-on son nom? dit-il en jouant l'indifférence.

— Le nom de qui?

— Du nouveau capitaine.

— Notre monsieur le sait peut-être, répondit Simonnet.

— Au fait, ce doit être un bon serviteur du roi, c'est le principal..... Il logera au château?

— Ou chez M. l'intendant royal.

Pelo Rouan sembla hésiter au moment de faire une nouvelle question.

— C'est juste, dit-il enfin, c'est à qui recevra ce brave officier et les bons soldats de la maréchaussée.

A ces mots il se dirigea vers la porte. En passant auprès d'Yvon, il lui serra furtivement la main, et adressa à Corentin un regard d'intelligence.

— Bonsoir, maître Simonnet et toute la maisonnée, dit-il.

Comme il mettait la main sur le loquet, un fort coup de marteau retentit frappé à la porte extérieure. Pelo resta.

Quelques minutes après deux hommes, enveloppés de manteaux, furent introduits. Les larges bords de leurs feutres cachaient presque entièrement leurs visages. Cependant, à un mouvement que fit l'un d'eux, la lumière du foyer vint éclairer partiellement ses traits. Pelo Rouan tressaillit à son aspect; et, au lieu de sortir, il se glissa prestement dans une embrasure.

DANS LA FORÊT.

XII

Les nouveaux venus étaient tous deux de haute taille et d'apparence robuste. Celui dont Pelo Rouan avait aperçu la figure était dans toute la force de la jeunesse, beau de visage et merveilleusement tourné. L'autre avait sous son feutre une chevelure grise, et plus de soixante ans sur les épaules.

— Qui que vous soyez, dit Simonet employant la digne formule armoricaine, vous êtes les bien-venus. Que demandez-vous?

Le plus jeune des deux étrangers rejeta son manteau sur le coude, et montra l'uniforme de capitaine des soldats de la maréchaussée.

— Je veux parler à M. Hervé de Vaunoy, répondit-il.

— Le nouveau capitaine! chuchotèrent les serviteurs de la Tremlays.

Renée, la servante de mademoiselle

Alix, arrangea aussitôt les plis de sa robe ; les autres femmes, moins bien apprises, se bornèrent à rougir immodérément.

Quant à Pelo Rouan, il gagna la porte sans bruit, après avoir échangé un second regard d'intelligence avec Yvon et Corentin.

— Ah ! c'est lui qui est le nouveau capitaine !... murmura-t-il lentement et d'un air pensif.

Puis il s'enfonça dans les sentiers de la forêt.

Maître Simonet prit un maintien grave et solennel, afin de remplir convenablement son office d'introducteur au lieu et place de maître Alain, le majordome, qui se faisait vieux et dormait d'ordinaire à cette heure, ivre d'eau-de-vie. Il mit le bonnet à main, et précéda les nouveaux-venus dans le salon de réception où se tenaient Hervé de Vaunoy et sa famille.

Pendant qu'il traverse le vestibule et la grand'salle, nous rétrograderons de quelques heures et nous prendrons nos deux étrangers au moment où ils quittent la bonne ville de Vitré pour entrer dans la forêt. Outre que c'est un moyen fort simple de faire leur connaissance, nous assisterons ainsi avec eux à quelques petits incidens qu'il nous importe de ne point passer sous silence.

Comme le lecteur a pu le conjecturer, le vieillard à barbe grise remplissait auprès du jeune capitaine l'office de valet. C'était un homme à visage honnête et austère; sa taille légèrement voûtée annonçait seule la fatigue ou la souffrance; car son front restait sans rides, et son regard serein exprimait la tranquillité d'ame la plus parfaite.

Quant au capitaine, il y avait sous sa fine moustache noire retroussée, un sourire insoucieux et spirituel; dans ses yeux, une hardiesse indomptable, une gaîté franche et comme un reflet de cordiale loyauté. On eût trouvé difficilement une taille plus élégante que la sienne, une pose plus gaillarde sur son cheval isabelle, et une plus galante façon de porter son belliqueux uniforme. Il avait de vingt-cinq à vingt-sept ans.

Le valet s'appelait Jude Leker; le maître avait nom Didier tout court.

Le bon écuyer de Nicolas Treml n'avait point changé beaucoup durant ces vingt années. La souffrance avait glissé sur son cœur comme le temps sur la dure peau de son visage. Il se tenait encore ferme sur son cheval, et il n'eût point fait bon recevoir un coup de la rapière plus moderne qui avait remplacé sa longue épée à garde de fer.

Il pouvait être deux heures après midi lorsque Didier et Jude dépassèrent les premiers arbres de la forêt. Le pâle soleil d'automne se jouait dans le feuillage jaunissant, et le sabot des chevaux s'enfonçait à chaque pas dans la molle litière que novembre étend au pied des arbres. Jude semblait respirer avec délices une atmosphère connue ; il saluait chaque vieux tronc d'un regard ami et presque filial. Il y avait vingt ans que Jude n'avait vu la forêt de Rennes.

Tout en marchant, le maître et le serviteur poursuivaient une conversation commencée.

— C'était, ma foi, un vaillant vieillard, que ce Nicolas Treml! s'écria Didier, interrompant un long récit que lui faisait Jude ; — j'aime son gant de buffle qui pesait une livre, et j'aurais voulu voir la pauvre mine que dut faire M. le régent.

— Le régent nous mit à la Bastille, répondit Jude avec un soupir.

— C'était, en conscience, le moins qu'il pût faire, mon garçon.

— Nicolas Treml, — que Dieu sauve son ame! — était déjà bien vieux. Et puis il pensait sans cesse à l'enfant...

— Quel enfant? interrompit encore Didier.

— Georges Treml qui doit être, à l'heure qu'il est, un hardi soldat, s'il a gardé dans ses veines une goutte du bon sang de ses pères.

L'histoire languissait. Didier bâilla. Jude poursuivit :

— Il pensait donc à l'enfant qui était au pays sans protecteur et sans appui. Vieillesse et chagrin, c'est trop à la fois, mon jeune monsieur : Nicolas Treml descendit en terre et me légua le petit M. Georges... Il y a trois ans de cela.

— Et qu'est devenu ce Georges ?

— Dieu le sait... Moi, je fus mis en liberté deux ans après la mort de mon maître. Je n'avais point d'argent, et si la Providence ne m'eût pas envoyé sur votre chemin au moment où vous cherchiez un valet pour le voyage, je ne sais comment j'aurais regagné la Bretagne... Ma chère, ma noble Bretagne! répéta Jude avec des larmes de joie dans les yeux.

Didier s'arrêta et lui tendit la main.

— Tu es un honnête cœur, mon garçon,

dit-il ; — Je t'aime pour ton attachement au souvenir de ton vieux maître, et pour l'amour que tu as gardé à ton pays. Si tu veux tu ne me quitteras plus.

Jude toucha respectueusement la main que lui offrait le capitaine.

— Je le voudrais, murmura-t-il en secouant la tête, — sur ma parole je le voudrais, car il y a en vous quelque chose qui me rappelle la franche loyauté de Treml... Mais je suis à l'enfant et je suis Breton : ne m'avez-vous point dit que vous venez pour anéantir les derniers restes de la résistance bretonne ?

— Si fait... Quelques centaines de fous furieux. Quand la rébellion se sent faible, vois-tu, elle tourne au brigandage : je viens pour punir des bandits.

Jude réprima un geste de colère.

— De mon temps, murmura-t-il, messieurs de la Confrérie bretonne ne méritaient point ce nom.

— C'est vrai : ceux dont tu parles n'étaient que des maniaques entêtés... Mais les *Frères-Bretons* sont devenus les *Loups*.

— Les Loups ? répéta Jude sans comprendre.

— Ils ont eux-mêmes choisi ce sauvage sobriquet. Ce n'est pas la Bretagne, ce sont les Loups que je viens combattre de par l'ordre du roi.

Jude ne fut probablement point persuadé par cette subtile distinction, car il se borna à répondre :

— Je ne sais pas ce que font les Loups, mais ils sont Bretons et vous êtes Français.

— N'en parlons plus! s'écria gaîment le capitaine. Quant à la question de savoir si je suis Français ou non, c'est plus que je ne puis dire... Bois un coup, mon garçon.

Il tendit sa gourde de voyage à Jude qui, cette fois, n'eut aucune objection à soulever.

— Et maintenant, reprit le capitaine, orientons-nous : voici un sentier qui doit mener à Saint-Aubin-du-Cormier...

— C'est ma route, répondit Jude, et nous allons nous séparer ici... car vous allez à Rennes, je pense ?

— Je vais au château de la Tremlays.

Jude tressaillit, puis il devint pensif.

— Vous êtes déjà venu dans le pays, dit-il après un silence, car vous le connaissez aussi bien que moi... Peut-être n'est-ce pas la première fois que vous allez au château de la Tremlays ?

— Peut-être, répéta le capitaine, qui

sembla vouloir éviter une réponse plus catégorique.

— Si vous y êtes allé, continua Jude, dont tous les traits exprimaient une curiosité puissante, — vous avez dû voir un jeune homme... un beau jeune homme... l'héritier de ces nobles domaines... l'unique rejeton d'une race qui est vieille comme la Bretagne.....

— Tu le nommes?

— Georges Treml.

Ce fut au tour du capitaine de s'étonner. Pour la première fois il rapprocha ce nom de Treml de celui du château, et il comprit que le vieux gentilhomme, dont il venait d'entendre la triste histoire, était l'ancien maître de la Tremlays.

— Je n'ai jamais vu ce jeune homme, répondit-il.

LE CAPITAINE DIDIER.

XIII

Jude demeura un instant comme attéré.

— Mon Dieu! pensait-il, qu'ont-ils fait de notre petit monsieur!

Le capitaine était devenu rêveur. Peut-être connaissait-il assez M. de Vaunoy pour qu'un doute s'élevât dans son esprit touchant le sort de l'héritier de Treml.

— Ma tâche est tracée, reprit Jude; je la remplirai... Monsieur, ajouta-t-il d'une voix que son émotion rendait solennelle, je vous adjure, par votre titre de gentilhomme, de me prêter votre aide.

Un triste sourire vint à la lèvre du capitaine.

— Gentilhomme!... dit-il.

— Par votre mère!... voulut continuer Jude.

— Ma mère! dit encore le capitaine. — Allons, mon garçon, tu tombes mal. Que

viens-tu me parler de titres et de mère?...
Mais je suis officier du roi, et cela vaut noblesse : tu auras mon aide.

— Merci! merci! s'écria Jude. En revanche, moi, je suis à vous, monsieur; à vous de tout cœur et tant qu'il vous plaira. Maintenant, veuillez vous détourner quelque peu de votre route; nous reviendrons ensemble au château.

Le capitaine suivit Jude aussitôt. Ils marchèrent durant un quart-d'heure sur le chemin qui mène au bourg de Saint-Aubin-du-Cormier, puis Jude, tournant à gauche, s'enfonça tout à coup dans un épais taillis. Au bout d'une centaine de pas, Didier arrêta son cheval.

— Où me mènes-tu? demanda-t-il.

— Au lieu où Nicolas Treml, mon maître, partant pour la cour de Paris, a enfoui l'espoir et la fortune de sa race.

— Tu as donc grande confiance en moi ?

Jude hésita un instant.

— Je vous confierais ma vie, dit-il enfin, mais le trésor de Treml n'est point à moi. Vous avez raison : mieux vaut que je sois seul à garder ce secret.

— Et mieux vaut que je ne m'enfonce point trop dans ce fourré, au-delà duquel est la retraite des Loups... Ils pourraient me mordre, mon garçon... Va, tu me retrouveras ici.

Jude descendit de cheval et s'engagea, à

pied, dans l'épais taillis où nous avons vu autrefois cheminer Nicolas Treml lorsqu'il portait en poche l'acte signé par son cousin Hervé de Vaunoy.

Resté seul, le jeune capitaine mit aussi pied à terre, s'étendit sur le gazon et donna son âme à la rêverie. Ses méditations furent douces. Officier de fortune et parvenu, son mérite aidant, à un poste que ses pareils n'atteignaient point avant d'avoir vu blanchir leur moustache et tomber leurs cheveux, il voyait désormais devant soi un avenir couleur de rose. Sa mission en Bretagne n'était pas sans importance, et il espérait réduire aisément cette poignée d'hommes intrépides, mais simples et grossiers, qui s'opposaient encore à la levée de l'impôt, molestaient les sujets soumis du roi, et poussaient parfois leur insolente audace jusqu'à mettre la main sur les fonds du gouvernement.

A part cet intérêt politique, son arrivée dans le pays de Rennes avait pour lui un intérêt particulier dont nous ne ferons point mystère au lecteur. Ce n'était pas la première fois que Didier venait en Bretagne. L'année précédente, il avait passé six mois à Rennes, en qualité de gentilhomme (1) de monseigneur le comte de Toulouse, gouverneur de la province, lequel l'avait fait entrer depuis dans un ré-

---

(1) Gentilhomme, en ce sens, n'impliquait pas toujours idée de noblesse. Racine, Voltaire lui-même, ont été gentilshommes des rois de France.

giment de mousquetaires, dont il était sorti avec son grade actuel. Beau de visage et de tournure, aimant de cœur, mais inconstant et léger, il n'avait pu manquer d'aventures dans la capitale bretonne où les dames étaient, dit-on, aussi compâtissantes que belles. Cette dernière qualité leur est incontestablement restée de nos jours ; quant à la première, nous ne saurions en aucune façon renseigner les curieux. Didier, durant le séjour qu'il fit à Rennes, vola donc de la brune à la blonde, comme dirait un académicien, moissonnant les bonnes fortunes, et vivant une vie qui convenait assez bien à son joyeux caractère.

Il avait eu vingt maîtresses : un an s'était écoulé depuis lors : il lui restait deux souvenirs. De peur que nos don Juan à barbes pittoresques n'accusent Didier de fadeur classique, nous nous hâterons d'ajouter que ces deux souvenirs s'appliquaient aux deux seules femmes que sa victorieuse galanterie eût respectées.

La première était mademoiselle Alix de Vaunoy de la Tremlays, noble et belle créature, dont le charmant visage était moins parfait que l'esprit, et dont l'esprit ne valait point encore le cœur. Didier l'avait vue au palais de monseigneur le gouverneur qui, pendant son séjour dans la province, tenait une véritable cour. Il l'avait aimée. Alix ne s'était point donné la peine de cacher son penchant pour lui. Leur liaison, tout en n'outrepassant jamais les bornes de la plus stricte morale, avait pris aux yeux du monde une sorte de publicité. M. de Vaunoy seul semblait ne s'en point apercevoir ou y prêter volontairement les mains, ce qui surprenait fort chacun. On savait en effet que Vaunoy avait pour l'établissement de sa fille unique des prétentions fort élevées, et qui ne s'attaquaient rien moins qu'à M. Béchameil, marquis de Nointel, intendant royal de l'impôt et l'un des plus opulens financiers qui fussent alors en Europe.

Nonobstant cela, Vaunoy, qui avait d'abord regardé le jeune officier de fortune avec un dédain tout particulier, l'attira bientôt chez lui, et lui fit fête tout autant qu'aux héritiers des plus puissantes familles. Si ce n'eût point été là une circonstance positivement insignifiante pour le public, on aurait pu remarquer que ce changement étrange avait coïncidé avec l'acquisition que fit Vaunoy d'un nommé Lapierre, valet de monseigneur le gouverneur. Mais il n'était point probable, en vérité, que cette petite révolution d'antichambre eût pu influer en rien sur la conduite ultérieure de M. de la Tremlays.

Quoiqu'il en soit, un soir que Didier sortait de l'hôtel de Vaunoy, le cœur tout plein d'amoureuses pensées, il fut attaqué dans la rue par trois estafiers qui le poussèrent rudement. Il n'avait que son épée de bal, mais il s'en servit comme il faut, et les trois estafiers en furent pour leurs peines et les horions qu'ils reçurent. Didier, blessé, rentra au palais; l'affaire n'eut point de suite, parce que le comte de Toulouse quitta Rennes quelques jours après.

Le second souvenir du capitaine Didier, quoique beaucoup plus humble, restait plus avant peut-être dans son cœur. C'était une blonde fille de la forêt, qu'il avait revue bien souvent en rêve : une tête d'ange sur un corps de sylphide.

En ce moment encore, couché sur l'herbe humide et bercé par ses méditations, il songeait à elle. Le nom de Marie chassait de sa lèvre le nom d'Alix, et c'était la gracieuse image de Fleur-des-Genêts qui souriait au fond de sa pensée.

Il rêvait donc, et d'amour, comme doit rêver tout beau capitaine. Les Loups, l'impôt, la bataille prochaine, rien de tout cela n'existait pour lui en ce moment.

— Si elle venait! murmura-t-il en jetant son avide regard dans les sombres profondeurs des taillis.

Ce qui pouvait lui venir le plus probablement c'était la balle de quelque Loup, car il avait jeté sous lui son manteau, et les broderies de son uniforme brillaient maintenant sans voile. Mais il y a un Dieu pour les amours. Une voix douce et lointaine encore sembla répondre à son aspiration. Il tendit l'oreille. La voix approchait. Elle chantait la complainte d'Arthur de Bretagne.

Didier savourait délicieusement cette voix et cette mélodie connues. Mais par une sorte de sentimental raffinement, il attendait. Les gourmets ne se hâtent point de porter à leur bouche un friand morceau, et l'attente a aussi ses joies.

A mesure que la voix approchait, les paroles devenaient plus distinctes. Fleur-des-Genêts chantait ce passage de la complainte populaire où Constance de Bretagne commence à désespérer de revoir son malheureux fils. Nous traduisons le patois des paysans d'Ille-et-Vilaine.

Marie disait :

> Elle attendait, car pauvre mère
> Longtemps espère,
> Elle attendait, le cœur marri,
> Son fils chéri.

> Elle mettait son ame entière
> Dans la prière ;
> Elle disait : Dieu tout-puissant,
> Mon doux enfant !

Marie n'était plus qu'à quelques pas de Didier, mais ils ne se voyaient point encore, tant le taillis était épais. Le capitaine retenait son souffle. Marie poursuivit, répétant, suivant l'usage, les deux derniers vers en guise de refrain :

> Elle disait : Dieu tout-puissant,
> Mon doux enfant !
>
> Arthur ! Arthur !... Hélas ! absence
> Brise espérance ;
> Et bien souvent son œil d'azur
> Pleurait Arthur.

Le caractère de ce chant est une mélancolie tendre et si profonde, que le ménétrier qui le dit à un rustique auditoire, est certain d'avance d'un succès de larmes. Il semblait que la pauvre Marie rapportât à elle-même le son de la dernière strophe, car le chant tomba de ses lèvres comme un harmonieux gémissement.

— Fleur-des-Genêts! murmura Didier, incapable de se contenir davantage.

Elle entendit et perça d'un bond le fourré. Elle ne vit rien d'abord, tant sa vue était troublée par l'émotion. Puis lorsqu'elle aperçut enfin le capitaine, ses genoux fléchirent; elle s'affaissa sur elle-même en levant ses grands yeux bleus vers le ciel.

OU LE LOUP BLANC

MONTRE LE BOUT DE SON MUSEAU.

XIV

Didier prit Fleur-des-Genêts dans ses bras et la déposa sur le gazon près de lui. La pauvre enfant n'avait point de paroles parce qu'elle était trop heureuse. Elle regardait en silence le beau capitaine qui lissait doucement sur son front les bandeaux de sa blonde chevelure. Leurs yeux humides se souriaient. L'épais berceau qui leur cachait le ciel les enveloppait dans son ombre ; et parfois, lorsque le vent secouait les branches, un fugitif rayon de soleil s'égarait jusqu'à leur visage. C'était un tableau comme n'en font point souvent les peintres, un de ces tableaux que caresse le poëte et qu'il rêve aux heures d'élite où la poésie descend dans son cœur.

Après quelques minutes de silence, Fleur-des-Genêts secoua tout à coup ses longs cheveux d'or et se prit à regarder avec une joie d'enfant le nouvel uniforme de Didier.

— Que tu es beau ! dit-elle, que tu es beau, et que je t'aime !

Didier prit sa petite main blanche et il l'éleva jusqu'à sa lèvre.

— Tu as grandi, répond-il ; tu es plus jolie encore qu'autrefois !

Marie ne cacha point sa joie.

— Tant mieux ! s'écria-t-elle ; j'ai pleuré pourtant, et les larmes enlaidissent les jeunes filles.

— Pourquoi pleurais-tu, Marie ?

— Parce que les sentiers déserts de la forêt me parlaient de toi et de ton absence, Didier ; parce que le gazon avait reverdi aux endroits où tu avais coutume de t'asseoir ; parce que mon père me disait que tu ne reviendrais plus.

— Ton père! répéta Didier avec étonnement; il savait donc?...

— Il sait tout! dit la jeune fille, qui devint sérieuse. — Il ne faut point essayer d'échapper aux regards de Pelo Rouan... Il sait tout!

Didier garda le silence et resta pensif.

— Il nous épiait donc? demanda-t-il enfin.

— Qui peut dire ce que fait Pelo Rouan? prononça Marie avec emphase. Il savait cela parce qu'il sait tout. Quand tu partis, il me baisa au front et me dit : Enfant, il faut l'oublier ; c'est un Français, et les Français trompent les pauvres jeunes filles. Ils sont lâches et ils sont menteurs.

Didier rougit et fronça le sourcil.

— Pelo Rouan n'a jamais menti, poursuivit Marie. J'eus peur... Mais te voilà; mon père s'est trompé : n'est-ce pas que tu m'aimes?

Il serait superflu de transcrire la réponse de Didier.

Le temps passait. Ils restaient l'un près de l'autre, les bras enlacés, échangeant de ces mots que les amoureux savent et qui n'ont point de sens sur le papier.

Pendant cela, Jude Leker essayait de trouver son chemin dans le taillis. Il eut d'abord grande peine à s'orienter, car nul sentier ne traversait l'épaisseur du fourré; mais au bout d'une centaine de pas, il vit avec surprise qu'une multitude de petites routes se croisaient en tous sens et semblaient néanmoins converger vers un centre commun.

Il suivit l'un de ces sentiers, et arriva bientôt au bord de ce sauvage ravin que nous connaissons déjà sous le nom de la *Fosse-aux-Loups*. A part ces routes masquées, qui n'existaient point autrefois et qui annonçaient très positivement le voisinage d'une nombreuse réunion d'hommes, rien n'était changé dans le sombre aspect du paysage. La même solitude semblait régner aux alentours.

Jude descendit, en se retenant aux branches, les bords du ravin et atteignit le fond où s'élevait le chêne creux. La physionomie du bon écuyer était triste et grave. Il songeait sans doute que la dernière fois qu'il avait visité ce lieu, c'était en compagnie de son maître défunt. Il songeait aussi que le creux du chêne pouvait avoir été dépositaire infidèle, et que la fortune de Treml avait été mise entière entre ces noueuses racines qui déchiraient le sol.

Avant de pénétrer dans l'intérieur de l'arbre, Jude examina soigneusement les alentours; il fouilla du regard chaque buisson, chaque touffe de bruyère, et dut se convaincre qu'il était bien seul.

Cet examen lui fit découvrir, derrière l'une des tours en ruines, un monceau de décombres, à la place où s'élevait jadis la cabane de Mathieu Blanc.

— C'étaient de bons serviteurs de Treml, murmura-t-il en se découvrant ; que Dieu ait leur ame !

Dans l'intérieur de l'arbre, il trouva quelques débris de cercles, et presque tous les ustensiles de Jean Blanc, mais rouillés et dans un état qui ne permettait point de croire qu'on s'en fût servi depuis peu.

Jude saisit une pioche et se mit aussitôt en besogne.

Pendant qu'il travaillait, un imperceptible mouvement se fit dans les buissons et deux têtes d'hommes, masqués à l'aide d'un fragment de peau de loup, se montrèrent. Une troisième tête, masquée de blanc, sortit au même instant d'une haute touffe d'ajoncs qui touchait presque le chêne où travaillait Jude.

Les trois hommes, porteurs de ce déguisement étrange, échangèrent rapidement un signe d'intelligence. Celui du masque blanc fut un ordre, sans doute, car les deux autres rentrèrent immédiatement dans leurs cachettes.

Le masque blanc se coucha sans bruit à plat ventre et se prit à ramper vers l'arbre. Il franchit lentement la distance qui l'en séparait, puis il se dressa de manière à fourrer sa tête dans l'une des ouvertures que le temps avait pratiquées au tronc creux du vieux chêne.

Son masque le gênait pour voir; il l'arracha et découvrit un visage tout noirci de charbon et de fumée, — le visage de Pelo Rouan, le charbonnier.

Jude travaillait toujours et ne se doutait point qu'un regard curieux suivait chacun de ses mouvemens.

Au bout de quelques minutes, la pioche rebondit sur un corps dur et sonore. Jude se hâta de déblayer le trou et retira bientôt le coffret de fer que Nicolas Trem avait enfoui autrefois en cet endroit. Après l'avoir examiné un instant avec inquiétude pour voir s'il n'avait point été visité en son absence, Jude sortit une clé de la poche de son pourpoint.

A ce moment, Pelo Rouan se prit à

ramper et rentra sans bruit dans sa cachette.

Ce fut pour lui un coup de fortune, car Jude, sur le point d'ouvrir le coffret, se ravisa et fit le tour du chêne, jetant à la ronde son anxieux regard. Il ne vit personne, regagna le creux de l'arbre et fit jouer la serrure du coffret de fer.

Tout y était, intact comme au jour du dépôt; or et parchemin. Le bon Jude ne put retenir une exclamation de joie, en songeant que, avec cela, Georges Treml, fût-il réduit à mendier sa vie, n'aurait qu'un mot à dire pour recouvrer son héritage entier. Mais une expression de tristesse remplaça bientôt son joyeux sourire : où était Georges Treml?

Jude aurait voulu déjà être au château pour s'informer du sort de l'enfant. Il replaça le coffret dans le trou, qu'il combla de nouveau en ayant soin d'effacer de son mieux les traces de la fouille, puis il gravit la rampe du ravin.

Pelo Rouan le suivit de l'œil tandis qu'il s'éloignait.

— C'est bien Jude! murmura-t-il, Jude, l'écuyer de Treml! Il n'emporte pas le coffret : je verrai cette nuit ce qu'il peut contenir... En attendant, il ne faut point que nos gens soupçonnent ce mystère, car ils pourraient me prévenir.

Jude avait disparu. Les deux hommes à masques fauves quittèrent le fourré et s'élancèrent vers le chêne. Ils remuèrent les outils, visitèrent chaque repli de l'écorce, et ne trouvèrent rien. Ces deux hommes étaient des *Loups*.

— Maître, dirent-ils en soulevant leur bonnet, qu'avez-vous vu ?

Pelo Rouan haussa les épaules.

— C'est grand dommage que vous n'habitiez point la bonne ville de Vitré, dit-il. Vous êtes curieux comme des vieilles femmes, et vous feriez d'excellens bourgeois... J'ai vu un rustre déterrer deux douzaines de pièces de six livres qu'il avait enfouies en ce lieu.

Les deux Loups se regardèrent.

— Cela fait six louis d'or, grommela l'un d'eux, — et il y en a peut-être d'autres.

— Cherchez, dit Pelo Rouan avec une indifférence affectée. Moi, je vais veiller à votre place.

Les deux Loups hésitèrent un instant, mais ce ne fut pas long. Ils touchèrent de nouveau leurs bonnets et regagnèrent leurs postes.

Pelo Rouan remit son masque blanc.

— C'est bien, dit-il, mais souvenez-vous de ceci : Quand je suis là mes yeux veillent avec les vôtres ; je puis pardonner un instant de négligence. Quand je m'éloigne, la négligence devient trahison, et vous savez comment je punis les traîtres. On a vu des soldats de la maréchaussée dans la forêt, et peut-être en ce moment même des yeux ennemis interrogent les profondeurs de ce ravin. La moindre imprudence peut livrer le secret de notre retraite..... prenez garde !

Le charbonnier prononça ces mots d'une voix brève et impérieuse. Les deux Loups répondirent humblement :

— Maître, nous veillerons.

Relo Rouan ôta les deux pistolets qui pendaient à sa ceinture, et les cacha sous ses vêtemens.

— Je vais au château, continua-t-il, afin d'apprendre ce que nous devons craindre des gens du roi. Je reviendrai cette nuit.

A ces mots, il gravit la montée d'un pas rapide, et disparut derrière les arbres de la forêt.

— Le Loup Blanc et le diable! murmura l'une des sentinelles; il n'y a qu'eux deux pour courir ainsi... Guyot?

— Francin?

— J'aurais pourtant voulu voir là bas dans le creux du chêne.

— Moi aussi... Mais... Je m'entends.

— C'est la vérité! Quand il a parlé, ça suffit.

En conséquence de quoi les deux Loups

se résignèrent à faire bonne garde.

Jude Leker traversa le taillis d'un pas plus leste et le cœur plus content que la première fois. Une de ses inquiétudes était au moins calmée, et il avait désormais en main de quoi racheter les riches domaines de la maison de Treml.

Marie et Didier l'entendirent arriver de loin. Il y avait plus de deux heures qu'ils étaient ensemble; mais le temps leur avait semblé si court! Ce fut à grand regret que Marie se leva.

— Au revoir, dit-elle, tu ne me quitteras plus, n'est-ce pas?

— Jamais, répondit le capitaine dans un baiser.

Le taillis s'ouvrit. Jude se montra; — Didier était seul.

— Tu n'as pas perdu de temps, mon garçon, dit gaîment ce dernier. Je ne t'attendais pas si vite.

Jude prit cela pour un reproche adressé à sa lenteur, et se confondit en excuses.

— Allons! s'écria le capitaine qui sauta en selle sans toucher l'étrier; j'aurai dormi, sans doute, et fait un beau rêve, car je veux mourir si j'étais pressé de te voir arriver... A propos, et le trésor de Treml?

— Dieu l'a tenu en sa garde, répondit Jude.

— Tant mieux!... Au château, maintenant! à moins qu'il ne te reste quelque mystérieuse expédition à accomplir.

Il est rare qu'un Breton de la vieille roche sympathise complètement avec cette gaîté insouciante et communicative qui est le fond du caractère français. Cette recrudescence soudaine de gaillardise mit l'honnête Jude à la gêne, d'autant plus qu'il était occupé lui-même de pensées graves. Il suivit quelque temps en silence le jeune capitaine qui fredonnait et semblait vouloir passer en revue tous les ponts-neufs anciens et nouveaux chantés au théâtre de la Foire. Enfin, Jude poussa son cheval et prit la parole.

— Monsieur, dit-il, mon devoir est

lourd et mon esprit borné. Je compte sur l'aide que vous m'avez promise.

— Et tu as raison, mon garçon ; tout ce que je pourrai faire, je le ferai. Voyons, explique-moi un peu ce que tu attends de moi ?

— D'abord, répondit Jude, bien que vingt ans se soient écoulés depuis que j'ai mis le pied pour la dernière fois au château de la Tremlays, il pourrait s'y trouver quelqu'un pour me reconnaître, et j'ai intérêt à me cacher. Je voudrais donc n'y point entrer avant la nuit venue.

— Soit. Le temps est beau ; nous attendrons dans la forêt... mais l'expédient ne me semble point efficace, par la raison qu'il y a des résines et de la bougie au château de M. de Vaunoy.

— C'est vrai, murmura dolemment le pauvre Jude; je n'avais point songé à cela.

Le capitaine reprit en souriant :

— Il y a moyen d'arranger la chose, mon garçon. Nous arriverons enveloppés dans nos manteaux de voyage, et je trouverai bien quelque prétexte pour te protéger contre les regards indiscrets..... Après?

— Après?... répéta Jude fort embarrassé; après? je tâcherai de savoir... de manière ou d'autre... ce qu'est devenu le petit monsieur.

— C'est cela, nous tâcherons.

La nuit vint : nos deux voyageurs furent introduits au château, comme nous l'avons vu, et Simonnet, le maître du pressoir, se chargea de les annoncer.

M. Hervé de Vaunoy et sa fille Alix étaient au salon, en compagnie de mademoiselle Olive de Vaunoy, sœur cadette d'Hervé, et de M. Béchameil, marquis de Nointel, intendant royal de l'impôt.

Le capitaine était attendu depuis quelques jours déjà, bien qu'on ignorât le nom du nouveau titulaire. Dès que maître Simonnet eut prononcé le mot : Capitaine, tous ces personnages se levèrent et dardèrent leurs regards vers la porte avec une curiosité plus ou moins prononcée.

Le capitaine entra suivi de Jude, qui se

tint à la porte, le nez dans le manteau. Didier s'avança le feutre sous le bras, la mine haute, et se portant comme il convenait à un homme rompu aux galantes façons de la cour.

Son aspect parut étonner grandement tout le monde, ce qu'il dut déchiffrer en caractères lisibles, quoique différens, sur les quatre physionomies présentes.

Mademoiselle Olive se pinça les lèvres en jouant fébrilement de l'éventail.

Alix pâlit et s'appuya au bras de son fauteuil.

M. de Vaunoy laissa percer un tic nerveux sous son patelin sourire.

Enfin M. Béchameil, marquis de Nointel, exécuta la plus déplorable grimace qui se puisse voir sur visage de financier désagréablement surpris.

PORTRAITS.

XV

Didier s'inclina profondément devant les dames, salua un peu moins bas Hervé de Vaunoy, et presque point M. l'intendant royal. Hervé renforça aussitôt son benin sourire, et fit trois pas au devant du capitaine.

— Saint Dieu! mon jeune ami, s'écriat-il du ton le plus cordial, soyez trois fois le bienvenu. Quelque chose me disait que je vous reverrais bientôt avec l'épaulette... Touchez là, capitaine, saint Dieu! touchez là.

Didier se prêta de fort bonne grâce à cet affectueux accueil. Quand il eut baisé la main des deux dames, savoir : celle d'Alix en silence, et celle de mademoiselle Olive de Vaunoy en lui faisant quelque compliment banal, il prit place auprès du maître de la Tremlays.

— L'ordre ds sa majesté, dit-il, me donnait à choisir entre l'hospitalité de M. le marquis de Nointel et la vôtre. J'ai pensé qu'il ne vous déplairait point de me recevoir pendant quelques jours...

— Saint Dieu! mon jeune compagnon, ce qui m'eût déplu, c'eût été le contraire.

— Je vous rends grâce... et, pour mettre à profit votre bonne volonté, je vous demande la permission de faire conduire sur-le-champ mon valet à la chambre qu'on me destine.

Mademoiselle Olive agita une sonnette d'argent placée près d'elle sur la cheminée.

— Auparavant votre valet boira le coup du soir avec maître Alain, mon maître d'hôtel, dit Hervé de Vaunoy.

A ce nom d'Alain, Jude devint pâle sous son manteau.

— Mon valet est malade, répondit le capitaine; ce qu'il lui faut, c'est un bon lit et le repos.

— A votre volonté, mon jeune ami.

Un domestique entra, appelé par le coup de sonnette de mademoiselle Olive.

— Préparez un lit à ce bon garçon, dit M. de Vaunoy; et traitez-le en tout comme le serviteur d'un homme que j'honore et que j'aime.

Didier s'inclina; Jude, toujours enveloppé de son manteau, sortit sur les pas du domestique qui, malgré sa bonne envie, ne put apercevoir ses traits.

Nous connaissons M. Hervé de Vaunoy, maître actuel de la Tremlays et du Boüexis-en-Forêt. Ces vingt années n'avaient point assez changé son visage plein et souriant pour qu'il soit besoin de parfaire une nouvelle description de sa personne.

Mademoiselle Olive de Vaunoy, sa sœur, était une longue et sèche fille, qui avait été fort laide au temps de sa jeunesse. L'âge, incapable d'embellir, efface du moins les différences excessives qui séparent la beauté de la laideur. A cinquante ans ce qui reste d'une femme laide est bien près de ressembler à ce qui reste d'une houri. L'expression du visage peut seule rétablir des catégories. Or, celui de mademoiselle Olive n'exprimait rien, si ce n'est une *préciosité* majuscule, d'obstinées prétentions à la gentillesse, et une incomparable pruderie. Elle était vêtue d'ailleurs à la dernière mode, portant corsage long, en cœur, avec des hanches immodérément rembourrées, cheveux crépés à outrance et poudrés, éventail que nous nommerions *rococo*, et mules de cuir mordoré sans talons. Sa joue était tigrée de mouches de formes très variées, et un trait de vernis noir lui faisait des sourcils admirablement arqués. Nous passons sous silence le carmin étendu en couche épaisse sur ses lèvres, le vermillon délicatement passé sur ses pommettes et l'enfantin sourire qui ajoutait, à tant de séductions diverses, un charme précisément extraordinaire.

Alix ne ressemblait point à son père, et encore moins à sa tante. Elle était grande, et néanmoins sa taille, exquise dans ses proportions, gardait une grâce pleine de noblesse. Son front large avait, sous les noirs bandeaux de ses cheveux sans poudre, une expression de fière pudeur qu'adoucissait le suave rayon de son grand œil bleu. Son regard était sérieux et non point triste, de même que les pures lignes de sa bouche annonçaient une nature pensive plutôt que mélancolique. C'était le type parfait de la femme bretonne, vigoureuse dans sa grâce, aussi éloignée de l'inertie contemplative du Nord que de la passion dévergondée du Midi, alliant la sensibilité vraie à la fermeté digne et haute, pouvant aimer, sachant souffrir, capable de dévoûment jusqu'à l'héroïsme.

Hervé de Vaunoy s'était marié un an

après le départ de Nicolas Treml. Sa femme était morte au bout de dix-huit mois. Alix était le seul fruit de cette union. Elle avait dix-huit ans.

Il nous reste à parler de M. l'intendant royal de l'impôt.

Antinoüs Béchameil, marquis de Nointel, était un fort bel homme de quarante ans et quelque chose de plus. Il avait du ventre, mais pas trop, le teint fleuri et la joue rebondie. Son menton ne dépassait pas trois étages, et chacun s'accordait à trouver son gras de jambe irréprochable. Au moral, il prenait du tabac dans une boîte d'écaille si finement travaillée, que toutes les marquises y inséraient leurs jolis doigts avec délices. Son habit de cour avait des boutons de diamans dont chacun valait vingt mille livres. Il avait des façons de secouer la dentelle de son jabot et de relever la pointe de sa rapière jusqu'à la hauteur de l'épaule, qui n'appartenaient qu'à lui, et sa mémoire, suffisamment cultivée, lui permettait de placer çà et là des bons mots d'occasion qui n'avaient guère cours que depuis six semaines. Il avait en outre un appétit incomparable, auquel il sacrifiait un bon tiers de son revenu, et un estomac à l'épreuve.

En somme, il n'était pas beaucoup plus grotesque que la plupart des nobles financiers de son temps.

M. le marquis de Nointel avait en Bretagne de nombreuses et importantes occupations. D'abord il aimait éperdument Alix de Vaunoy, dont il voulait faire sa femme à tout prix. M. de Vaunoy ne demandait pas mieux, mais Alix semblait d'une opinion diamétralement opposée, et c'était pitié de voir M. de Béchameil perdre ses galanteries, ses madrigaux improvisés de mémoire, et surtout les merveilles de sa cuisine dont l'excellence est historique auprès de la fière Bretonne. Il ne se décourageait pas cependant et redoublait chaque jour ses efforts incessamment inutiles.

Il était, en outre, comme nous l'avons pu dire déjà, intendant de l'impôt. Cette charge, qu'il ne faudrait en aucune façon comparer à la banque gouvernementale de nos receveurs-généraux, nécessitait, en Bretagne surtout, une terrible dépense d'activité. La province, en effet, manquait à la fois d'argent et de bonne volonté pour acquitter les lourdes tailles qui pesaient depuis peu sur elle.

En troisième lieu, — et c'était, à coup sûr, l'emploi auquel il tenait le plus, — Béchameil avait la haute main sur toutes preuves nobles dans l'étendue de la province. Ce droit d'investigation était pour ainsi dire inhérent à la charge d'intendant, puisque les gentilshommes n'étaient pas sujets à l'impôt, et qu'ainsi, sous fausse couleur de noblesse, nombre de roturiers auraient pu se soustraire aux tailles; mais Béchameil tenait ce droit à titre plus explicite encore. Il avait affermé, en effet, moyennant une somme considérable payée annuellement à la couronne, la vérification des titres, actes et diplômes, et, en vertu de ce contrat, il profitait seul des amendes prononcées sur son instance par le parlement breton contre tout vilain qui prenait état de gentilhomme.

En conséquence, il avait intérêt à trouver des usurpateurs en quantité. Aussi ne se faisait-il point faute de bouleverser les chartriers des familles et se montrait si âpre à la curée, que les seigneurs ralliés au roi eux-mêmes, avaient sa personne en fort mauvaise odeur. Mais on le craignait plus encore qu'on ne le détestait.

Par le fait, en une province comme la

Bretagne, pays de bonne foi et d'usage, où beaucoup de gentilshommes, forts de leur possession d'état immémoriale, n'avaient ni titres ni parchemins, le pouvoir de M. Béchameil avait une portée terrible. Pauvre d'esprit, avide et étroit de cœur, rompu aux façons mondaines, n'ayant d'autre bienveillance que cette courtoisie tout extérieure qui vaut à ses adeptes le nom sans signification d'excellent homme, l'intendant de l'impôt était justement assez sot pour faire un impitoyable tyran. Une seule chose pouvait le fléchir : l'argent. Quiconque lui donnait de la main à la main le montant de l'amende et quelques milliers de livres en sus par forme de prime, était sûr de n'être point inquiété, quelle que fût d'ailleurs la témérité de ses prétentions : pour dix mille écus, il eût laissé le titre de duc au bâtard d'un laquais. Mais quand on n'avait point d'argent, par contre, il fallait, pour sortir de ses griffes, un droit bien irrécusable, et les mémoires du temps ont relaté plusieurs exemples de gens de qualité réduits par lui à l'état de roture (1).

On doit penser que M. de Vaunoy, lequel n'avait point par devers lui des papiers de famille fort en règle, avait tremblé d'abord devant un pareil homme. Les méchantes langues prétendaient qu'il avait commencé par financer de bonne grâce, ce qui était toujours un excellent moyen.

(1) Nous citerons seulement un cadet de l'illustre et historique maison de Coëtlogon, qui fut injustement débouté sur l'instance de Béchameil.

Mais, dans la position de Vaunoy, cela ne suffisait pas. Substitué par une vente aux droits des Treml, dont il portait le nom et dont il avait pris jusqu'aux armes pour en écarteler son douteux écusson, il avait trop à craindre pour ne pas chercher tous les moyens de se concilier son juge. Un retrait de noblesse lui eût fait perdre à la fois ses titres, auxquels il tenait beaucoup, et ses biens, auxquels il tenait davantage, car c'était son état de gentilhomme et sa parenté qui lui avaient donné qualité pour acheter le domaine de Treml. Heureusement pour lui Béchameil fit les trois quarts du chemin. Ce gros homme se jeta pour ainsi dire dans ses bras, en ne faisant point mystère de la passion qu'il avait conçue pour Alix.

C'était un coup de fortune, et Vaunoy en sut profiter. Béchameil et lui se lièrent, et, bien que l'intendant royal fût de fait le plus fort, il se laissa vite dominer par l'adresse supérieure de son nouvel ami.

Il va sans dire que Béchameil reçut promesse de la main d'Alix, ce qui n'empêcha point Vaunoy de favoriser en quelque sorte l'intimité qui s'était établie à Rennes entre la jeune fille et Didier. Vaunoy avait sans doute ses raisons pour cela.

Durant le séjour de Didier à Rennes, Béchameil n'avait point été sans s'apercevoir de sa liaison avec Alix. Ceci nous explique la grimace du financier à la vue du jeune capitaine Quant à mademoiselle Olive, elle agita son éventail parce qu'elle crut faire ainsi preuve d'une très jolie pudeur.

Le repas est toujours l'acte le plus important de l'hospitalité bretonne. Au bout de quelques instants, maître Alain, le majordome, décoré de sa chaîne d'argent officielle, et les yeux rouges encore de son somme bacchique, ouvrit les deux battans de la porte pour annoncer le souper.

— Demain nous parlerons d'affaires, dit gaîment M. de Vaunoy. Maintenant, soupons.

— Soupons! répéta Béchameil, à qui ce mot rendit une partie de sa sérénité.

Alix se leva, et, d'instinct, tendit sa main à Didier. Ce fut M. de Béchameil qui la prit. Le capitaine, à dessein ou faute de mieux, se contenta des doigts osseux de mademoiselle Olive.

Nous ne raconterons point le souper, pressés que nous sommes d'arriver à des événemens de plus haute importance. Nous dirons seulement que M. de Vaunoy, tout en portant à diverses reprises la santé de son jeune compagnon, le capitaine Didier, échangea plus d'un regard équivoque avec maître Alain, auquel même, vers la fin du repas, il donna un ordre à voix basse. Maître Alain transmit cet ordre à un valet de mine peu avenante que Vaunoy avait débauché l'année précédente à monseigneur le gouverneur de la province, et qui avait nom Lapierre.

Pendant cela, Béchameil faisait sa cour accoutumée. Alix ne l'écoutait point, et tournait de temps en temps son regard triste et surpris vers le capitaine, qui causait fort assidûment avec mademoiselle Olive. Celle-ci minaudait, se pinçait les lèvres et n'omettait aucun détail du divertissant manége d'une coquette surannée savourant des soins de hasard.

Hervé de Vaunoy conduisit lui-même le capitaine jusqu'à la porte de sa chambre à coucher, et lui souhaita la bonne nuit. Jude était debout encore. Il arpentait la chambre à pas lents, plongé dans de profondes méditations.

— Hé bien! lui dit son maître, es-tu

content de moi? t'ai-je épargné les regards indiscrets?

— Monsieur, je vous remercie, répondit Jude.

— As-tu appris quelque chose?

— Rien sur l'enfant, et c'est d'un triste augure!... Mais je sais que dame Goton, qui fut la nourrice du petit monsieur, est maintenant femme de charge au château.

— Elle te donnera des nouvelles.

— Je sais aussi que j'aurai de la peine à me cacher longtemps, car j'ai vu la figure d'un ennemi : Alain, l'ancien maître d'hôtel de Treml.

— Je t'en offre autant, mon garçon ; j'ai

aperçu le visage d'un drôle qui fut le valet de M. de Toulouse, gouverneur de Bretagne, mon noble protecteur, et que je soupçonne fort de n'avoir point été étranger à certaine alerte nocturne qui me valut l'an dernier un coup d'épée... Mais nous débrouillerons tout cela. En attendant, dormons.

— Dormez, répondit Jude.

Le capitaine se jeta sur son lit. Jude continua de veiller.

FIN DU PREMIER VOLUME.

TABLE

Des chapitres du premier volume

PROLOGUE.

CHAPITRE I. La chanson. 5
— II. Le coffret de fer. 35
— III. Le dépôt. 63
— IV. La Fosse-aux-Loups. . . . 89
— V. Le creux d'un chêne. . . . 109
— VI. Le voyage. 129
— VII. La forêt de Villers-Cotterets. . 145
— VIII. Tutelle. 169
— IX. L'étang de la Tremlays. . . 183

LA FORÊT DE RENNES :

— X. La veillée, ... 201
— XI. Fleur-des-Genêts. 223
— XII. Dans la forêt. 241
— XIII. Le capitaine Didier. . . . 259
— XIV. Où le loup blanc montre le bout
      de son museau. . . . 277
— XV. Portraits. 303

FIN DE LA TABLE DU PREMIER VOLUME.

Imprimerie de E. JACQUIN, à Fontainebleau.

En vente, chez UHLENDUWSKI, rue du Jardinet, 8.

Mon ami Piffard et Chipolata, par Paul de Kock. . . 1 vol. in-8.
Le Martyr Calviniste, par H. de Balzac. . . . . 5 vol. in-8.
Les Frères de la Côte, par Emmanuel Gonzalez. . 2 vol. in-8.
Les Mystères du Grand Monde, tomes 5 et 6 (fin). 2 vol. in-8.
Aventures de Robert-Robert, par Louis Desnoyers. 2 vol. in-8.
Souvenirs de la Guerre civile en Espagne,
   de 1837 à 1839, par le général prince Lichnowsky. . . 2 vol. in-8.

Sous presse, pour paraître prochainement.

MODESTE MIGNON, par DE BALZAC.

LES FANFARONS DU ROI, par l'auteur des *MYSTÈRES DE LONDRES*.

La Belle Drapière, par ÉLIE BERTHET.

LA LUNE DE MIEL, par DE BALZAC.

HISTOIRE DES FRANCS, par le Comte DE PEYRONNET. 4 v. in-8.

MANDRIN, par CLÉMENCE ROBERT.

MÉMOIRES SECRETS ET AUTHENTIQUES DU DUC DE ROQUELAURE.

LA MINE D'OR, par ÉLIE BERTHET.

Imprimerie Schneider et Langrand, rue d'Erfurth, 1.

www.ingramcontent.com/pod-product-compliance
Lightning Source LLC
Chambersburg PA
CBHW060636170426
43199CB00012B/1575